www.ingramcontent.com/pod-product-compliance
Lightning Source LLC
LaVergne TN
LVHW020423080526
838202LV00055B/5013
* 9 7 8 8 1 1 9 0 2 2 4 9 6 *

کرشن چندر کا رپورتاژ

"پودے"

ایک مطالعہ

محمد تنویر

© Taemeer Publications

Krishan Chander ka reportage Poude : ***Ek Mutalea***

by: Mohammed Tanveer

Edition: March '2023

Publisher& Printer:

Taemeer Publications, Hyderabad.

ISBN 978-81-19-02249-6

9 788119 022496

مصنف یا ناشر کی پیشگی اجازت کے بغیر اس کتاب کا کوئی بھی حصہ کسی بھی شکل میں بشمول ویب سائٹ پر اَپ لوڈنگ کے لیے استعمال نہ کیا جائے۔ نیز اس کتاب پر کسی بھی قسم کے تنازع کو نمٹانے کا اختیار صرف حیدرآباد (تلنگانہ) کی عدلیہ کو ہو گا۔

© تعمیر پبلی کیشنز

کتاب	:	**کرشن چندر کا رپورتاژ "پودے" : ایک مطالعہ**
مصنف	:	**محمد تنویر**
صنف	:	تبصرہ و تنقید
ناشر	:	تعمیر پبلی کیشنز (حیدرآباد، انڈیا)
زیر اہتمام	:	تعمیر ویب ڈیولپمنٹ، حیدرآباد
سالِ اشاعت	:	۲۰۲۳ء
تعداد	:	(پرنٹ آن ڈیمانڈ)
صفحات	:	۱۰۸
کمپوزنگ و سرورق	:	لولو گرافکس
ملنے کے پتے	:	محمد تنویر، فون: 09705125518
		ہمالیہ بک ڈپو، نامپلی، حیدرآباد
		ھدیٰ بک ڈپو، پرانی حویلی، حیدرآباد

انتساب

میرے عزیز اور محترم والدین کے نام
جن کے فیض تربیت نے مجھے
زندگی کی راہوں میں سنبھل کر چلنا سکھایا۔

فہرست ابواب

☆ پہلی بات محمد تنویر

☆ باب اول : کرشن چندر حالات زندگی اور شخصیت

☆ باب دوم : اردو میں رپورتاژ نگاری: فن اور روایت

☆ باب سوم : رپورتاژ ''پودے'' کا تنقیدی جائزہ

☆ باب سوم : رپورتاژ ''پودے'' کا فنی جائزہ

☆ : اختتامیہ

☆ : کتابیات

پہلی بات

اردو میں اکثر شعری و نثری اصناف مغرب کے زیر اثر شامل ہوئیں۔ ایسی ہی ایک نثری صنف رپورتاژ ہے۔ جو ترقی پسند تحریک کے ساتھ آگے بڑھی۔ رپورتاژ صحافتی صنف ہے اسے بطور ادبی صنف صرف اردو ادب میں برتا گیا۔ لفظ (Reportage) لاطینی اور فرانسیسی زبانوں کے خاندان سے ہے جو انگریزی میں (Report) رپورٹ کے ہم معنی ہے۔ رپورٹ سے مراد تو سیدھی سادی تصویر پیش کرنے کے ہیں۔ لیکن اگر اس رپورٹ میں ادبی اسلوب، تخیل کی آمیزش اور معروضی حقائق کے ساتھ ساتھ باطنی لمس بھی عطا کیا جائے تو یہ صحافت سے الگ ہو کر ادب میں شامل ہو جاتی ہے۔ چنانچہ ادبی اصطلاح میں رپورتاژ ایک ایسی چلتی پھرتی تصویر کشی ہے جس میں خود مصنف کی ذات، اسلوب، قوتِ متخیلہ، تخلیقی توانائی اور معروضی صداقت موجود ہوتی ہے۔

مغرب میں اٹھارویں صدی سے ہی رپورتاژ لکھنے کا سلسلہ شروع ہو گیا تھا۔ جب کہ جنگ کے حالات اور واقعات کو روداد نگاری کے انداز میں اخبارات میں پیش کیا جانے لگا تھا۔ اردو میں بھی اخبارات کے اجراء کے ساتھ ہی مختلف جلسوں اور اجلاسوں کی روداد لکھنے کا رواج عام ہو گیا تھا۔ لیکن رپورتاژ کے فن کو پیش نظر رکھ کر شعوری طور پر رپورتاژ لکھنے کا سلسلہ ترقی پسند تحریک کے زیر اثر شروع ہوا۔ سجاد ظہیر کے رپورتاژ ''یادیں'' کو اردو کا پہلا رپورتاژ کہا جاتا ہے۔ جسے انہوں نے 1940ء میں لکھا تھا۔ لیکن اسے رپورتاژ کا عنوان نہیں دیا تھا۔ بعد میں جب رپورتاژ نگاری کے اصول طے ہوئے تو یادیں میں موجود ان اُصولوں کی روشنی میں یادیں کو پہلا رپورتاژ قرار دیا گیا۔ کرشن چندر نے ''پودے'' کے نام سے 1947ء رپورتاژ لکھا۔ ان کی یہ کوشش شعوری تھی۔

اورانہوں نے اسے رپورتاژہ کہہ کر پیش کیا۔اس کے بعد اردو میں رپورتاژ نگاری کا ایک سلسلہ شروع ہو گیا۔

زیر نظر تحقیقی و تنقیدی کتاب ''کرشن چندر کے رپورتاژ''پودے''ایک مطالعہ'' کے عنوان سے پیش ہے۔اس کتاب میں کرشن چندر کے اولین رپورتاژ ''پودے'' کا تفصیلی جائزہ لیا گیا ہے۔اوراس جائزے سے قبل کرشن چندر کے حالات زندگی اور شخصیت عنوان کے تحت ان کی زندگی کے سفر کو بیان کیا گیا ہے۔دوسرے باب میں رپورتاژ نگاری کے فن اور روایت کا اجمالی جائزہ پیش کیا گیا ہے۔تیسرے باب میں رپورتاژ ''پودے'' کا تفصیلی جائزہ اور آخری باب میں فنی جائزہ پیش کیا گیا ہے۔ یہ کتاب اردو رپورتاژ نگاری کے تعارف اور رپورتاژ ''پودے'' کا مطالعہ پیش کرتی ہے۔امید ہے تحقیق و تنقید کے طالب علم اور ادب نواز احباب میری اس کاوش کو پسند فرمائیں گے۔اس کتاب کی اشاعت میرے علمی سفر میں حوصلہ افزائی کا باعث ہو گی۔

محمد تنویر

پہلا باب

کرشن چندر کے حالات زندگی اور شخصیت

کرشن چندر کے حالات زندگی:۔ کرشن چندر اردو فکشن کا ایک اہم اور معتبر نام ہے۔ وہ اردو کے زودنویس ادیب کے طور پر جانے جاتے ہیں۔ انہوں نے اردو کی نثری اصناف افسانہ' ناول' انشائیہ' خاکہ' رپورتاژ' ڈرامہ' تمثیل اور طنزیہ ومزاحیہ مضامین میں اپنے کارنامے پیش کئے۔ ان کی چند تخلیقات کو اردو کے علاوہ دیگر زبانوں میں مقبولیت ملی اور تقریباً 65 زبانوں میں ان کے تراجم شائع ہوئے۔ کرشن چندر نے ''پودے'' کے عنوان سے اردو کا اولین رپورتاژ لکھا۔ اس تحقیقی کتاب کے پہلے باب میں کرشن چندر کے حالات زندگی پیش کئے جارہے ہیں۔

آباواجداد' والدین: اردو کے نامور افسانہ نگار و ادیب کرشن چندر کا تعلق پنجاب کے ایک کھتری چوپڑا خاندان سے تھا۔ ان کے آباءواجداد پنجابی تھے جن کے بارے میں زیادہ تفصیلات نہیں ملتیں۔ کرشن چندر کے والد کا نام گوری شنکر تھا وہ پیشہ طب سے وابستہ تھے۔ 1918ء میں ان کا تقرر اسٹیٹ مڈیکل آفیسر کی حیثیت سے ریاست پونچھ میں ہوا تھا اور 1944ء میں ملازمت سے سبکدوشی تک ریاست پونچھ میں ہی رہے بعد میں وہ دہلی چلے آئے۔ کرشن چندر کی والدہ کا نام امردیوی تھا وہ مذہبی مزاج کی خاتون تھیں۔ بچوں کی تربیت میں انہوں نے خصوصی توجہ دی۔ جب کہ گوری شنکر کو اتنا وقت نہیں ملتا تھا کہ وہ گھر پر توجہ دیں۔ ڈاکٹر بیگ احساس کرشن چندر کے والدین کی شخصیت کے مختلف پہلو بیان کرتے ہوئے لکھتے ہیں۔

ڈاکٹر گوری شنکر نے خوشحال و باوقار زندگی گذاری۔ وہ بے حد شفیق' کم گو اور سنجیدہ مزاج کے مالک تھے۔ ان میں کسی قسم کا مذہبی تعصب نہیں تھا ان کی شریک حیات امردیوی مذہبی مزاج کی خاتون

تھیں۔ بچوں کی تربیت و پرورش کی زیادہ ذمہ داری انہیں کے کندھوں پر تھی۔ ڈاکٹر گوری شنکر بچوں کے اور گھریلو معاملے میں بہت کم دخل دیتے تھے۔

> ''ڈاکٹر گوری شنکر کو فنون لطیفہ سے دلچسپی تھی اردو ادب اور خصوصیت سے شاعری سے بہت لگاؤ تھا۔ امر دیوی اس کے برخلاف ادب سے کوئی دلچسپی نہیں رکھتی تھیں۔ قصے کہانیوں اور ناولوں کے مطالعے کو برا سمجھتی تھیں۔'' [1]

کرشن چندر کے والد ڈاکٹر گوری شنکر کا 1951ء میں اور ان کی والدہ امر دیوی کا 1969ء میں دہلی میں انتقال ہوا۔

بھائی بہن: ۔ ڈاکٹر گوری شنکر اور امر دیوی کی چھ اولادیں تھی یعنی کرشن چندر کے تین بھائی اور دو بہنیں چندر مکھی اور سرلا دیوی تھیں۔ کرشن چندر دوسری اولاد تھے سب سے بڑی لڑکی چندر مکھی تھی جو کم عمری میں ہی وفات پا گئی۔ کرشن چندر اپنے ایک مضمون ''آئینہ خانہ'' میں چندر مکھی کا ذکر کرتے ہوئے لکھتے ہیں:

> ''پھر ایک دن چندر مکھی کی شہ رگ کے قریب ایک خوفناک ناسور ابھرا اور کئی سال تک میرے والد مختلف جگہوں پر اس کا علاج کرانے کیلئے گھومتے رہے۔ مجھے اسپتالوں کے بہت کمرے یاد ہیں۔ دواؤں کی بو اور مریضوں کا تڑپنا اور اسپتال کے ملازموں کی بے رحمی، پیپ اور خون اور پٹیاں نیم اندھیرے کمرے میں چندر مکھی کا میری ماں کے سینے سے لگ کر بلکنا.... اچھا ہوا وہ بہت جلد مر گئی''۔ [2]

کرشن چندر کے بھائی مہندر ناتھ ادیب تھے۔ ترقی پسند مصنفین کے سرگرم کارکن رہے اور بمبئی کی فلمی صنعت سے بھی وابستہ رہے۔ کرشن چندر کے ایک اور بھائی اوپیندر ناتھ سرکاری ملازم تھے۔ ان کے تیسرے بھائی راجندر ناتھ کا بھی بچپن میں انتقال ہو گیا تھا۔ بہن سرلا دیوی کی شادی ریوتی سرن شرما سے ہوئی۔ ریوتی سرن شرما افسانہ نگار اور ڈرامہ نگار کے طور پر مشہور تھے۔

1975ء میں ایک سڑک حادثہ میں ان کا انتقال ہوگیا۔

کرشن چندر کی ولادت:۔ اردو کے نامور فکشن نگار کرشن چندر 26 رنومبر 1913ء کو بھرت پور میں پیدا ہوئے۔ [۳]

کرشن چندر کے سنہ ولادت کے بارے میں اردو محققین میں اختلاف پایا گیا ہے۔ کیونکہ خود کرشن چندر نے اپنے ولادت کے سال اور مقام کے بارے میں متضاد بیانات دیئے ہیں۔ جس کی بناء کسی نے ان کا سنہ ولادت 1912ء بتایا تو کسی نے 1914ء۔ کرشن چندر کے بھائی مہیندر ناتھ نے نقوش کے شخصیات نمبر میں لکھا کہ۔

> ''آپ کے محبوب فنکار کے متعلق بہت سی ایسی باتیں بتاسکوں گا جو شائد آپ کو معلوم نہ ہوں۔ کرشن چندر کی پیدائش ریاست بھرت پور میں ہوئی۔ اس ریاست میں ہمارے والد بحیثیت ڈاکٹر نوکر تھے۔ کرشن چندر کی عمر پانچ برس کی تھی جب ہمارے والد صاحب نے ریاست پونچھ میں ملازمت اختیار کی''۔ [۴]

کرشن چندر کے والد کو 1918ء میں ملازمت ملی تھی۔ اور مہندر ناتھ کے بیان کے مطابق اس وقت کرشن چندر کی عمر پانچ سال تھی۔ اس حساب سے کرشن چندر کا سنہ ولادت 1913ء درست قرار پاتا ہے۔ کرشن چندر نے سہیل اعظم آبادی کے نام لکھے گئے ایک خط میں اپنی تاریخ پیداش ء19 رنومبر 1913ء لکھی ہے جب کہ ڈاکٹر بیگ احساس نے کرشن چندر کی تاریخ پیدائش 26 رنومبر 1913ء لکھی ہے۔ تحقیق کی دنیا میں کبھی کبھی ادیب کی بات کا اعتبار نہیں کیا جاتا کیونکہ وہ اپنے بارے میں غلط بیانی سے کام لے سکتا ہے اور ایک جدید دور کے محقق کے بارے میں اعتبار کیا جاسکتا ہے کیونکہ وہ اپنی بات کو داخلی اور خارجی شہادتوں کے ذریعہ پیش کرتا ہے۔ ڈاکٹر بیگ احساس نے کرشن چندر کے تاریخ پیدائش کے بارے میں صرف اپنی تحقیق 26 رنومبر کی پیش کی ہے۔ جبکہ ان کی پیش کردہ داخلی اور خارجی شہادتوں میں اس بات کا ذکر نہیں ملتا کہ کرشن چندر کی اصل تاریخ پیدائش 26 رنومبر 1913ء ہے۔ بہر حال یہ ایک تحقیق طلب بات ہے لیکن اتنی

بات کہی جاسکتی ہے کہ کرشن چندر نومبر 1913ء کو بھرت پور میں پیدا ہوئے۔

بچپن کے حالات :۔ کرشن چندر کا بچپن آرام و آسائش سے گذرا۔ ان کے والد ڈاکٹر تھے اور سماج میں اچھا مقام رکھتے تھے۔ کرشن چندر کو بچپن میں کرکٹ کا کھیل پسند تھا۔ وہ اچھی بیاٹنگ کرتے تھے۔ جب کے ان کے بھائی مہندر ناتھ فاسٹ بولر تھے۔ کرشن چندر کو بچپن سے ہی ڈراموں میں کام کرنے کا بہت شوق تھا۔ مہابھارت کے ڈرامے میں انہوں نے ارجن کا کردار ادا کیا تھا۔ موسیقی اور مصوری سے بھی انہیں دلچسپی تھی لیکن حوصلہ افزائی نہ ملنے سے اس شوق کو آگے بڑھا نہ سکے۔ نویں اور دسویں جماعت میں پہنچے تو ڈرامے دیکھنے کا شوق بڑھا پہلا ڈرامہ آغا حشر کاشمیری کا ''خون ناحق'' دیکھا۔ شاعری کی کوشش بھی کی۔ اپنی پہلی شعری کاوش کو اپنے استاد دینا ناتھ کو دکھایا۔ انہوں نے مذاق اڑایا تو کرشن چندر نے شاعری کرنے کا خیال دل سے نکال دیا۔ انہیں کشتی کا بھی شوق تھا۔ بڑے پہلوانوں سے کشتی کے داؤ سیکھے۔ اپنے بھائی سے کشتی لڑی جس میں وہ ہار گئے اور پہلوانی کا شوق بھی جاتا رہا۔ کرشن چندر کو بچپن سے مطالعہ کا شوق تھا۔ اپنی ماں سے چھپ کر ناول پڑھا کرتے تھے۔ تیسری جماعت میں ہی انہوں نے مشہور داستاں ''الف لیلیٰ'' پڑھ لی تھی۔ مطالعہ کے اسی شوق نے آگے چل کر انہیں ایک اچھا ادیب بنا دیا۔ اس طرح کرشن چندر نے اپنے بچپن کی بھرپور بہاریں دیکھیں۔ اور تمام طرح کے شوق پورے کئے۔

تعلیم و تربیت : کرشن چندر کی باقاعدہ تعلیم کا آغاز پانچ سال کی عمر سے ہوا۔ جب کے انہیں جموں کے پرائمری اسکول میں داخل کرایا گیا۔ جہاں اردو تعلیم کا بھی نظم تھا۔ پونچھ کے رکڑیا جوبلی ہائی اسکول میں آٹھویں جماعت میں داخلہ لیا ان کے مضامین انگریزی' ریاضی' جغرافیہ' تاریخ' علم نباتات وحیوانات' طبعیات اور کیمیاء تھے۔ 1928ء میں انہوں نے دسویں جماعت کا امتحان دوسرے درجہ میں پاس کیا۔ ان دنوں پونچھ میں میٹرک کا امتحان نہیں ہوتا تھا اور راولپنڈی کے انگریزی علاقہ میں طلبہ کو وہاں جانا پڑھتا تھا۔ کرشن چندر نے بھی وہاں جاکر میٹرک کا امتحان دیا۔ بعد میں انہوں نے نارمن کرسچین کالج لاہور سے ایف۔ ایس۔ سی کا امتحان دوسرے درجہ میں پاس کیا۔ انہیں سیاسی مضامین میں کوئی دلچسپی نہیں تھی اور صرف آرٹس میں ان کی دلچسپی تھی۔ اس لئے انگریزی' سیاسیات' تاریخ اور معاشیات کے مضامین کے ساتھ 1932ء میں دوسرے درجہ

میں بی۔ اے کامیاب کیا۔ 1934ء میں انہوں نے انگریزی ادب سے ایم۔ اے کیا اور 1937ء گورنمنٹ کالج لاہور سے قانون کی ڈگری حاصل کی۔ کرشن چندر کے تعلیمی سفر کی یہ خصوصیات رہی کہ اعلیٰ تعلیم کے تمام امتحان انہوں نے دوسرے درجہ میں کامیاب کئے۔ اس زمانے میں ہندوستان کی تحریک آزادی زور پکڑ رہی تھی اور نوجوانوں کی توجہ بھی تعلیم سے جدوجہد آزادی کی تحریک کی طرف بڑھ رہی تھی۔ بڑے تعلیمی ادارے بھی کم تھے ان حالات میں کرشن چندر نے ادب اور قانون کی تعلیم حاصل کی۔ یہی ان کا کارنامہ ہے۔

زمانہ طالب علمی کے نظریات:۔ ہندوستان کی جدوجہد آزادی کی قومی تحریک کا اثر کرشن چندر پر بھی پڑا۔ اور انہیں بھی سیاست سے دلچسپی پیدا ہوگئی۔ ان کی ملاقات اس دور کے انقلابی نوجوانوں سے ہوئی۔ بھگت سنگھ اور اشفاق اللہ خان کے ساتھ ان دنوں انگریزوں کے خلاف لڑائی میں میں مصروف تھے۔ کرشن چندر بھی ان کے ساتھ ہوگئے اور گرفتار بھی ہوئے لاہور کے قلعے میں انہیں ایک ماہ تک قید میں رکھا گیا اور تفتیش کے بعد رہا کیا گیا۔ ایف۔ ایس۔ سی کے امتحان میں وہ ناکام بھی رہے تھے اور کچھ دنوں کیلئے کلکتہ بھی چلے گئے تھے۔ ان دنوں وہ ذہنی طور پر فکر مند تھے اور کوئی ملازمت کرنا چاہتے تھے کلکتہ میں ان کی پریشانی کا حال بیان کرتے ہوئے ڈاکٹر احمد حسن لکھتے ہیں۔

> ''چند مہینوں کیلئے کرشن چندر کلکتہ بھاگ گئے ان کی خواہش تھی کہ جہاز میں ملازمت مل جائے خواہ قلی کی حیثیت سے خواہ ملاحوں کے زمرے میں، وہ ہر شعبہ میں کام کرنے پر تیار تھے۔ تاکہ وہ ہندوستان کے باہر جاسکیں۔ لیکن انھیں نوعمر سمجھ کر جہاز رانی کے محکمے میں بھرتی نہیں کیا گیا۔ اور انہیں گھر واپس جانے کی تلقین کی گئی۔ اس زمانے میں کرشن چندر کی ملاقات چراغ حسن حسرت مرحوم مظفر حسین شمیم سے بھی ہوئی جو ڈاکٹر اختر حسین رائے پوری کے بھائی تھے اور ان ہی ایام میں چند بنگال انقلاب پسندوں کے ساتھ رہنے کا اتفاق

بھی ہوا۔ کرشن چندر بنگال کے دیہات میں ایک ماہ گھومتے رہے وہاں کے دیہاتیوں میں ان کے رہن سہن اور گذر اوقات کے بارے میں پوچھتے انہوں نے وہاں کی غربت‘ جہالت اور دوسرے مختلف سماجی پہلوں کا غور سے مطالعہ کیا۔‘‘ ۵

زمانہ ءطالب علمی میں کرشن چندر نے اسٹوڈنٹس یونین کی سرگرمیوں میں بڑھ چڑھ کر حصہ لیا۔ سوشلسٹ پارٹی کے جلسوں میں شرکت کی۔ ایل ایل بی کے بعد ایم این رائے کے گروپ میں شامل ہوئے۔ پنجاب کے دیہاتوں کا دورہ کیا۔ جس سے ان کی صحت بھی متاثر ہوئی۔ ٹریڈ یونین تحریک میں حصہ لیا۔ بھنگیوں کی انجمن کے صدر بھی بنے ان کی کہانی کالو بھنگی اسی بات کی طرف اشارہ کرتی ہے انہی دنوں میں کرشن چندر نے کہانیاں لکھنی شروع کی۔ ہندوستانی سیاست کے قومی حالات‘ انقلابیوں سے دوستی کے اثرات سے ان کے سیاسی نظریات تشکیل پائے اور بحثیت افسانہ نگار وناول نگار انہوں نے ہندوستان کی سماجی زندگی کو پیش کیا۔

ادبی زندگی:۔ کرشن چندر کی ادبی زندگی کا آغاز ان کے ایک طنزیہ ومزاحیہ مضمون ’’پروفیسر بلیکی‘‘ سے ہوا۔ اس وقت کرشن چندر دسویں جماعت میں تھے اور ان کے ایک دوست بلاقی رام نندہ گلزاری لال نندہ سیاستداں کے خاندان سے تعلق رکھتے تھے۔ وہ فارسی پڑھاتے تھے اور دوران تدریس کرشن چندر کی پٹائی بھی کردیتے تھے۔ اپنے استاد کے ظلم سے تنگ آ کر انہوں نے پروفیسر بلیکی کے نام سے طنزیہ مضمون لکھ دیا اور اسے چھپنے کیلئے دہلی کے اخبار ’’ریاست‘‘ کو بھیج دیا۔ اس اخبار کے ایڈیٹر دیون سنگھ مفتون تھے۔ چند دنوں میں کرشن چندر کا مضمون چھپ گیا۔ اس کی اطلاع ان کے والد کو ملی تو وہ سخت ناراض ہوگئے۔ جسکی وجہہ سے کرشن چندر نے لکھنا چھوڑ دیا۔ کالج کے زمانے میں جب وہ یرقان کا شکار ہوئے تو ایک افسانہ یرقان لکھا ان کے والد نے انہیں تعلیم ختم کرنے تک لکھنے سے منع کردیا۔ دوران تعلیم کرشن چندر نے انگریزی میں مضامین لکھے۔ کالج کے میگزین کے ایڈیٹر رہے اور ایم اے میں چیف ایڈیٹر بنے۔ ان کے لکھے ہوئے انگریزی زبان کے سیاسی ومعاشی مضامین انگریزی روزنامہ ’’ٹریبیون‘‘ میں شائع ہوئے اقبال کے انتقال

کے بعد ان کی چند نظموں کے ترجمے کرشن چندر نے لکھے۔ افسانہ یرقان کے بعد ان کا دوسرا افسانہ ''جہلم میں ناؤ'' پر تھا۔ کرشن چندر کا افسانہ یرقان 1936ء میں ادبی دنیا کے سالنامہ میں شائع ہوا۔ اور بعد کے افسانے رسالہ ہمایوں میں شائع ہوئے۔ ان کا ایک انشائیہ ہوائی قلعے ستمبر 1937ء ہمایوں میں شائع ہوا اور بہت جلد کرشن چندر کی اردو ادب میں شہرت ہوگئی اور ادب لطیف' ہمایوں اور ادبی دنیا میں ان کے افسانے شائع ہونے لگے۔ لاہور میں ان کی ملاقات احمد ندیم قاسمی' میراجی' مولانا صلاح الدین احمد' ممتاز مفتی' دیویندر ستیارتھی اور دیگر نامور ادیبوں سے ہوئی جن کی صحبت میں رہ کر کرشن چندر نے اپنے ادبی ذوق کو پروان چڑھایا۔

ملازمت:۔ ایم اے اور ایل ایل بی کرنے کے بعد کرشن چندر فکر معاش کرنے لگے۔ ان کی والدہ کہتی تھیں کہ ''ان کا بیٹا بہت بڑا وکیل اور جج بنے''۔ اس کے پہلے مرحلے کے طور پر انہوں نے قانون کی تعلیم تو حاصل کی لیکن اپنی والدہ کی خواہش کے مطابق وہ وکیل یا جج نہیں بن سکے۔ سیاست میں بھی انہیں ناکامی ہوئی تو انہوں نے فیصلہ کرلیا کہ قلم کے ذریعے حصول معاش کریں گے۔ اس لئے وہ افسانے اور ڈرامے لکھنے لگے۔ ان کا پہلا ڈرامہ ''بے کاری'' تھا۔ جو 1937ء میں آل انڈیا ریڈیو لاہور سے نشر ہوا۔ تعلیم ختم ہونے کے بعد ڈیڑھ سال تک کرشن چندر بے روزگار رہے۔ کلکتہ میں 1938ء میں ترقی پسند مصنفین کی کانفرنس میں صوبہ پنجاب کی نمائندگی کی۔ سجاد ظہیر اور احمد علی و دیگر ترقی پسندوں سے ملاقات کی۔ انہیں پنجاب کی انجمن ترقی پسند مصنفین کا سکریٹری بنایا گیا۔ دوسری عالمی جنگ کے بعد ریڈیو کو ترقی ہوئی اور سرکاری پروپگنڈہ کیلئے بڑے پیمانے پر ادیبوں کو ملازمت دی گئی۔ مشہور مزاح نگار پطرس بخاری آل انڈیا ریڈیو کے ڈائرکٹر جنرل تھے۔ کرشن چندر کو نومبر 1939ء میں آل انڈیا ریڈیو لاہور میں پروگرام اسسٹنٹ کی ملازمت ملی۔ وہ سرکاری ملازمت سے خوش نہیں تھے کیونکہ انگریزی حکومت میں انہیں محکمے کی پابندیوں کا سامنا کرنا پڑتا تھا لیکن انہوں نے حالات سے سمجھوتہ کیا۔ ایک سال بعد ان کا تبادلہ دہلی ہوگیا۔ دہلی میں ان کی ملاقات مشہور شعرا اور ادیبوں سعادت حسن منٹو' ریوتی سرن شرما' جگن ناتھ آزاد' چراغ حسن حسرت اور ہنس راج رہبر اور شاہد احمد دہلوی سے ہوئی۔ وہ دور ترقی پسند تحریک کے عروج کا دور تھا اور اردو میں ناول نگاری اور افسانہ نگاری کو ترقی حاصل ہورہی

تھی۔کرشن چندر دہلی کے تیس ہزاری محلّہ میں چھوٹے سے مکان میں رہتے تھے وہ شاہ خرچ تھے اور تصنیف وتالیف سے ملے پیسے خرچ کرر ہے تھے۔کرشن چندر نے 1943ء میں اپنا پہلا ناول ’’شکست‘‘ ساقی بک ڈپو کیلئے لکھا۔اور ساقی کے مدیر شاہد احمد دہلوی سے ایک ہزار روپے پیشگی معاوضہ لیا اور کشمیر کے گل مرگ ہوٹل میں رہ کر صرف 21 دن میں ناول مکمل کیا۔کرشن چندر ایک سال دہلی میں رہے۔پھر ان کا تبادلہ لکھنو کر دیا گیا۔وہاں وہ ریڈیو ڈرامہ کے انچارج تھے۔لکھنو میں قیام کے دوران ان کی ملاقات فراقؔ گھورکھپوری‘ احتشام حسین‘ مجاز لکھنوی اور حیات اللہ انصاری وغیرہ سے ہوئی۔اور اسی دوران ان کے افسانے بھی مشہور ہونے لگے۔کرشن چندر ریڈیو کی ملازمت سے خوش نہیں تھے۔وہ فلمی دنیا میں قدم رکھنا چاہتے تھے۔چنانچہ انہوں نے مشہور ڈائرکٹر ڈبلیو زیڈ احمد کے مشورے پر ریڈیو کی ملازمت سے استعفیٰ دیدیا اور پونا چلے آئے۔وہاں انہوں نے مشہور ڈائرکٹر ڈبلیو زیڈ احمد کیلئے فلم ’’من کی جیت‘‘ کی کہانی لکھی جو ہارڈی کے انگریزی ناول Tess سے ماخوذ تھی۔کرشن چندر نے اس کہانی کو ہندوستانی رنگ میں ڈھالا اور مکالمے دلکش لکھے۔کرشن چندر کی لکھی گئی کہانی پر مبنی فلم ’’من کی جیت‘‘ بہت کامیاب ہوئی۔کرشن چندر شالیمار کمپنی سے وابستہ ہوگئے۔لیکن دوسال بعد وہ پونا سے بمبئی آ گئے۔اور 1944ء میں دیویکا رانی کے کہنے پر مشہور زمانہ بمبئی ٹاکیز سے وابستہ ہوگئے اور خوب روپیہ کمایا۔انہوں نے نیشنل تھیٹر کے ساتھ مل کر فلم کمپنی قائم کی اور ایک فلم سرائے کے باہر بنائی جس کے ہیرو ان کے بھائی مہندر ناتھ تھے۔ ہیروئین کا نام ثمینہ جعفری تھا۔کرشن چندر نے اس کا نام رادھا رکھا اور اس سے عشق کرنے لگے۔فلم ناکام ہوگئی اور انہیں کافی نقصان ہوا۔انہوں نے اپنی ذاتی کمپنی ماڈرن تھیٹر کے نام سے بنالی جس کے تحت دو فلمیں ’’دل کی آواز‘‘ اور ’’راکھ‘‘ بنائی۔دونوں فلمیں ناکام رہیں اور کرشن چندر کا دیوالیہ نکل گیا۔لیکن بعد میں کوشش سے انہوں نے دوبارہ حالات سدھار لئے اس دوران انہوں نے لکھنے کا سفر جاری رکھا۔پریشانی کے دور میں عادل رشید نے ہفتہ وار شاہد کے ذریعہ سہارا دیا۔کرشن چندر اخبار کیلئے ایک کہانی اور باتیں کے عنوان سے طنزیہ مضمون لکھنے لگے۔’’مہالکشمی کا پل‘‘ اور دیگر مقبول افسانے اسی دور کی یادگار ہیں۔1945ء میں حیدر آباد میں کل ہند ترقی پسند مصنفین کی کانفرنس حیدر آباد میں منعقد ہوئی۔کرشن چندر کانفرنس

میں شرکت کیلئے حیدر آباد آئے اور اپنے مشاہدات سفر اور کانفرنس کے جلسوں کی روداد پر مبنی رپورتاژ ''پودے'' لکھی۔ جسے بہت مقبولیت ملی۔ 1947ء میں تقسیم ہند اور قیام پاکستان کے بعد اردو کے کئی ادیب پاکستان چلے گئے۔ ساقی' ہمایوں اور ادبی دنیا لاہور سے نکلنے لگے۔ کرشن چندر ہندوستان میں رہ کر فلمی رسالہ شمع اور بیسویں صدی میں افسانے لکھنے لگے۔ چونکہ انہوں نے قلم کو ذریعہ معاش بنایا تھا۔ اس لئے وہ پبلشروں سے اڈوانس لے کر لکھنے لگے۔ زیادہ سے زیادہ لکھنے سے ان کا معیار گھٹ گیا انہیں پیسہ تو ملا لیکن ان کی ادبی ساکھ کو نقصان پہنچا۔ وہ فلموں میں کامیاب نہیں ہو سکے اور قلم کے سہارے زندگی کا سفر طئے کرتے رہے۔ ''ایک گدھے کی سرگذشت'' ایسا ناول ہے جس میں ان کا معیار قائم ہے۔ انہوں نے جاسوسی ناول بھی لکھے۔ کرشن چندر کا آخری مطبوعہ افسانہ ''پاگل پاگل'' ہے۔ جو 1977ء میں شائع ہوا۔ کرشن چندر کوئی ضخیم ناول اور آپ بیتی لکھنا چاہتے تھے لیکن ان کی خواہش پوری نہیں ہوسکی۔ ان کی کہانیوں اور ناولوں کے ترجمے دنیا کی تقریباً کئی مشہور زبانوں میں ہوئے۔

اس طرح کرشن چندر کی زندگی کا سفر فلم اور فلم کاری کے گرد گھومتا ہے۔ اس دور کے ادیبوں کی طرح وہ بھی معاشی تنگی کا شکار رہے۔ اور کہیں ایک جگہ ملازمت نہیں کر سکے لیکن ان کی یہ قابلیت رہی کہ انہوں نے اردو کے افسانوی ادب میں بے شمار افسانوں اور ناولوں کا اضافہ کیا۔

ازدواجی زندگی:۔ کرشن چندر کی شادی دسمبر 1939ء میں نیشنل بنک لاہور کے منیجر جے گوپال کپور کی اکلوتی بیٹی ودیاوتی سے ہوئی یہ شادی ان کے والدین نے طئے کی تھی۔ کرشن چندر کو تین اولادیں ہوئیں۔ دو لڑکیاں کپلا کماری چوپڑہ اور الکا کماری چوپڑہ اور ایک لڑکا انجن چوپڑہ ہوئے۔ کرشن چندر کی بیوی ودیاوتی شادی کے وقت بی اے کی طالبہ تھیں۔ شادی کے بعد وہ تعلیم جاری نہیں رکھ سکیں۔ کرشن چندر اور ودیاوتی میں ذہنی ہم آہنگی پیدا نہیں ہوسکی۔ دونوں کے نظریات اور مزاج میں کافی فرق تھا۔ وہ اپنی بیوی کی شکایت دوستوں میں کرتے تھے اور ان کی بیوی کرشن چندر کے دوستوں کو ناپسند کرتی تھی۔ کرشن چندر کے والدین اس صورتحال سے پریشان رہتے تھے۔ اسی دوران کرشن چندر کی چھوٹی بیٹی الکا کماری چوپڑہ دماغی دورے سے بیماری ہوئی۔ کرشن چندر نے بیٹی کے علاج کیلئے کافی دوڑ دھوپ کی اور روپیہ خرچ کیا لیکن 7/مارچ 1977ء

ان کی بیٹی کا انتقال ہوگیا۔ کرشن چندر نے اپنی بیوی ودیاوتی سے دوری اختیار کی اور دوسری لڑکیوں سے معاشقہ کرنے لگے۔ اس ضمن میں رشید احمد صدیقی کی بیٹی سلمی صدیقی سے ان کا معاشقہ مشہور ہوا وہ علی گڑھ میں رہتی تھیں۔ کرشن چندر اپنی بیوی بچوں کو چھوڑ کر اکثر کئی دن تک علی گڑھ میں رہنے لگے۔ اپنی بیوی کو طلاق دیئے بغیر وہ سلمی صدیقی کے ساتھ رہنے لگے۔ یہ 1968ء کی بات ہے۔ ابتداء میں ودیاوتی نے بہت ہنگامہ کیا لیکن عدالت تک نہیں گئیں۔ کرشن چندر کی حرکت پر انہیں جیل بھی ہو سکتی تھی۔ کرشن چندر اپنی بیوی بچوں کو ماہانہ آٹھ سو تا ہزار روپے خرچ دیتے تھے۔ بعد میں انہوں نے ایک وصیت بھی لکھی جس کے بعد ان کی کتابوں سے ملنے والی رائلٹی کی رقم 2/3 ودیاوتی کو اور 1/3 سلمی صدیقی ملنا طئے پایا۔ کرشن چندر ایک ادیب اور افسانہ نگار تھے۔ ترقی پسند تحریک سے متاثر تھے اور اس دور کے ادیبوں کی طرح شراب نوشی اور محفلوں کے عادی تھے۔ کہا جاتا ہے کہ انہوں نے سلمی صدیقی سے معاشقہ کے بعد اسلام قبول کر لیا تھا اور سلمی صدیقی سے باضابطہ نکاح کیا تھا اور نکاح کے وقت ان کا نام اللہ رکھا یا وقار ملک رکھا گیا لیکن آزاد خیال کرشن چندر کے مذہبی عقیدہ کے بارے میں اعجاز صدیقی لکھتے ہیں۔

> مگر مرنے والے کا تو کوئی مذہب نہیں تھا سلمی صدیقی سے نکاح کیلئے وقتی طور پر کلمہ پڑھ لینا اور بات تھی۔ کرشن چندر نے اسلامی شعائر اختیار نہیں کئے وہ نماز' قرآن سب سے نابلد تھے۔ ان کا تو یہ حال تھا کہ ان کی ماں جی نے پوجا کے وقت پاس بٹھایا تو چپ چاپ بیٹھ گئے۔ انہیں چند اشلوک تک یاد نہ تھے۔ پرشاد دیا تو کھالیا ماتھے پر تلک لگوالیا۔ کسی مسلمان کی میت یا فاتحہ میں شریک ہونے کا اتفاق ہوا تو رومال ڈال لیا کبھی آنکھیں بند کرلیں ''یا مسلمان اللہ اللہ' یا برہمن رام رام'' ان کا مسلک تھا اور ''انسانیت'' مذہب مگر وہ کسی ماروائی طاقت کے ضرور قائل تھے''۔ [6]

بہرحال سلمی صدیقی سے کرشن چندر کے نکاح کر لینے اور ان کے قبول اسلام کی بات پر

پردے پڑے رہے۔ لیکن اندازہ ہوتا ہے کہ کرشن چندر نے سلمی صدیقی سے نکاح کے خاطر کلمہ پڑھ لیا۔ لیکن بعد میں باضابطہ طور پر ایک مسلمان کی طرح زندگی نہیں گذاری۔ سلمی صدیقی کو سماج میں پریشانی اٹھانی نہ پڑے' اسلیئے انہوں نے اسلام قبول کیا تھا۔ اس بات کا ثبوت اس بات سے بھی ملتا ہے کہ کرشن چندر کی وفات پر سلمی صدیقی اس بات پر اصرار نہیں کرسکیں کہ انہیں مسلمانوں کی طرح دفن کیا جائے۔ اس بات کو انہوں نے اس طرح نبھایا کہ میں سوگ اور پریشانی میں تھی اور اس موقع پر جھگڑا نہیں کرنا چاہتی تھی سلمی صدیقی نے لوگوں کے اصرار پر کسی کو نکاح نامہ بھی نہیں بتایا۔

کرشن چندر کو سلمی صدیقی سے کوئی اولاد نہیں ہوئی۔ اس کی وجہ یہ بتائی گئی کہ مرنے کے بعد ان کے بچے سماجی و قانونی الجھن میں نہ پھنس جائیں۔ اس طرح اندازہ ہوتا ہے کہ کرشن چندر اور سلمی صدیقی نے آزاد خیال انسانوں کی طرح عیش پرست کی زندگی گذاری۔

سماجی سرگرمیاں:۔ کرشن چندر کا دور ترقی پسند تحریک کے عروج کا دور تھا اور انہیں 1938ء میں ترقی پسند مصنفین کی پنجاب کی شاخ کا سکریٹری بھی بنایا گیا تھا۔ انہوں نے اس تحریک کی کانفرنسوں میں شرکت کی' مقالے پڑھے اور جلسوں کی صدارت بھی کی۔ 12/اپریل 1952ء کو انہوں نے کلکتہ میں منعقد ہونے والی کل ہند امن کانفرنس میں شرکت کی اور انگریزی میں خطبہ پڑھا۔ مارچ 1953ء میں ترقی پسند مصنفین کی دہلی میں منعقدہ کانفرنس میں انہیں انجمن کا جنرل سکریٹری بنایا گیا۔ انہوں نے خواجہ احمد عباس اور ملک راج آنند کے ساتھ مل کر نیشنل بک ٹرسٹ کے قیام کی راہ ہموار کی۔ 1955ء میں چین کو فلمی وفد روانہ کرنے کیلیئے ملک کی وزارت خارجہ نے انہیں اہم فلمی شخصیتوں کی فہرست بنانے کی ذمہ داری دی۔ چنانچہ اس فہرست میں ان کے علاوہ پرتھوی راج کپور' چیتن آنند وغیرہ کو چین جانے کیلیئے منتخب کیا گیا۔ 1960ء میں انہوں نے یوپی کے مختلف شہروں میں مشاعروں کے طرز پر شب افسانہ منعقد کئے جس میں انہیں کافی مقبولیت ملی۔ 1961ء میں انہوں نے ہندوپاک کلچرل کانفرنس میں شرکت کی۔ اس کانفرنس میں پاکستان سے حفیظ جالندھری' ضمیر جعفری' زہرہ نگاہ' شوکت تھانوی' ابن انشاء' مرزا ادیب' ابراہیم جلیس اور محمد طفیل آئے تھے۔ اس کانفرنس کی کامیابی کا سہرا بھی کرشن چندر کے سر بندھتا ہے۔ کرشن چندر کو اکتوبر 1966ء میں سوویت یونین نہرو ایوارڈ دیا گیا۔ یہ ایوارڈ انہیں روسی زندگی سے متعلق

کہانیاں لکھنے اور عالمی امن و دوستی کے موضوعات لکھنے کیلئے دیا گیا۔ انعام میں 8 ہزار روپئے دیئے گئے۔

1967ء میں کرشن چندر نے بہار ریلیف فنڈ کیلئے پنجاب اور یو پی کے شہروں کا سجاد ظہیر کے ساتھ دورہ کیا۔ اس دورے میں مخدوم محی الدین اور دیگر ترقی پسند بھی شامل تھے۔ فنڈ کے طور پر کئی ہزار روپئے جمع ہوئے جو یو پی اور بہار کی حکومتوں کو دیئے گئے۔ اپریل 1986ء میں اردو کنونشن منایا گیا۔ اس کے صدر کرشن چندر تھے۔ کرشن چندر کی یاد میں ملک بھر میں کی تقاریب منعقد ہوئیں۔ بمبئی کے جشن کے دوران ان کے قلب پر حملہ ہوا اس کے بعد وہ بیمار رہنے لگے۔ 26/جنوری 1969ء کو انہیں پدم بھوشن دیئے جانے کا اعلان کیا گیا۔ اس سے ایک دن قبل ان کی والدہ کا انتقال ہوا۔ 1973ء میں نہرو کلچرل اسوسی ایشن لکھنو نے انہیں ایوارڈ دیا۔ 1974ء میں کرشن چندر کی زندگی پر ایک ڈاکیومنٹری فلم بنائی گئی۔ اسی سال انہیں دہلی یونیورسٹی میں نظام خطبات دینے کیلئے بلایا گیا۔ اگلے دن ہی ان کے بھائی مہیندر ناتھ کا انتقال ہوا۔ کرشن چندر کو اردو کے فروغ کیلئے بنائی گئی گجرال کمیٹی کا رکن بنایا گیا۔ جنوری 1976ء میں انہیں آل انڈیا ریڈیو کا Producer Emerituess بنایا گیا۔ 1977ء میں بمبئی کی میونسپل کارپوریشن میں ہل روڈ باندرہ کا نام بدل کر کرشن چندر روڈ رکھنے کا فیصلہ کیا۔ اس طرح کرشن چندر کو اپنی زندگی میں کئی اعزازات حاصل ہوئے۔

کرشن چندر زندگی بھر معاشی بدحالی کا شکار رہے۔ وہ فلموں کیلئے کہانیاں اور مکالمے اور اسکرین پلے لکھا کرتے تھے۔ ان کے دو گھروں کا ماہانہ خرچ پانچ تا چھ ہزار روپئے تھا۔ انہیں کتابوں کی رائلٹی ملتی تھی۔ ہندی کے پبلشر انہیں زیادہ پیسے دیتے تھے۔ وہ مہینے میں دو افسانے اور سال میں دو ناول لکھا کرتے تھے۔ کرایہ کے مکان میں رہتے تھے اور شاہ خرچ تھے۔ روس میں ان کی کئی کتابیں فروخت ہوئیں۔ بیماری کے بعد انہوں نے کار بھی بیچ دی تھی۔ مرنے کے بعد ان کی بیویوں کو ورثے میں کتابوں کی رائلٹی کے علاوہ کچھ نہیں ملا۔

بیماری اور انتقال: ۔ کرشن چندر نے عیش وعشرت کی زندگی گذاری تھی۔ شراب نوشی اور دیگر عادتوں کو انہوں نے پال رکھا تھا۔ انہیں کھانسی کے بعد بلغم آتا تھا اور وہ بار بار تھوکنے لگتے تھے۔

کافی علاج کے بعد بھی ان کی یہ شکایت دور نہیں ہوئی۔ 26/نومبر 1967ء کو انہیں پہلی مرتبہ دل کا دورہ پڑھا۔ ان کا گھر پر علاج ہوا اور آکسیجن بھی لگائی۔ 26/نومبر ان کا یوم پیدائش تھا اور لوگ انہیں ٹیلی گرام اور خط کے ذریعے انہیں جنم دن کی مبارکباد دینے لگے۔ جب کے وہ بیمار تھے۔ دو تین مہینے آرام کے بعد ان کی طبیعت سنبھلی۔ 9/نومبر 1969ء کو ایک تقریب میں دوسری مرتبہ ان پر دل کا دورہ پڑا۔ علاج گھر پر ہی ہوا اور وہ پھر صحت مند ہو گئے۔ آٹھ سال تک ان کی صحت اچھی رہی۔ 27/جولائی 1976ء کو ایک دعوت میں شراب نوشی اور عمدہ کھانے کھائے اسی رات ایک مرتبہ پھر دل کا دورہ پڑا انہیں بمبئی اسپتال میں داخل کیا گیا اور پہلے ہندوستان کا اور بعد میں ہانگ کانگ سے منگایا گیا پیس میکر لگایا گیا۔ جس کی مدت پانچ سال کی تھی۔ پیس میکر لگانے کے بعد ان کی حالت میں کچھ سدھار ہوا لیکن کمزوری بڑھ گئی اور کھانے میں پابندیاں لگ گئیں۔ 15/جنوری 1977ء کو رشید احمد صدیقی کا انتقال ہوا تو کرشن چندر اصرار کر کے بذریعہ ہوائی جہاز علی گڑھ گئے۔ 4/مارچ 1977ء کو کرشن چندر کی طبیعت بہت بگڑ گئی۔ ان کا بی پی کم ہو گیا تھا۔ دوسرے دن صبح سویرے سلمی صدیقی سے معافی مانگتے ہوئے ان کا انتقال ہوا۔ انہوں نے وصیت کی تھی کہ ان کے مرنے کے بعد آپریشن کر کے پیس میکر نکال لیا جائے اور کسی ضرورت مند کو لگا دیا جائے۔ انہیں ہندو رسم کے مطابق نذر آتش کیا گیا۔ کیونکہ ان کا سارا خاندان ہندو تھا۔ سبھی لوگ ان کی آخری رسومات میں شریک تھے۔ ان کی میت کے قریب قرآنی آیتیں اور گیتا کے اشلوک پڑھے گئے۔ آل انڈیا ریڈیو سے دو مرتبہ ان کے انتقال کی خبر نشر کی گئی لیکن صرف سو کے قریب لوگ جمع ہوئے ان کے آخری سفر کا حال بیان کرتے ہوئے ڈاکٹر بیگ احساس لکھتے ہیں۔

> ''ارتھی اٹھانے کا موقع آیا تو راجندر سنگھ بیدی نے کہا ''کرشن چندر میرا ہم پیشہ، ہم مشرب و ہم راز تھا اس لئے میں اپنے کو اس کا صحیح وارث سمجھتا ہوں۔ کرشن چندر کو پہلا کندھا میں ہی دوں گا''۔ انجن کپور ہانڈی میں آگ لئے بڑھے ارتھی کو آگے سے راجندر سنگھ بیدی اور خواجہ احمد عباس نے اٹھایا اور پیچھے سے رامانند ساگر اور مجروح سلطان پوری نے

جوہو پارلے کے شمشان میں ان کی لاش نذر آتش کی گئی۔"

ے

ایک ایسا ادیب جس نے مختلف اعزازات حاصل کئے تھے اور جس کی کہانیوں کا ترجمہ دنیا کی 65 سے زائد زبانوں میں کیا جا چکا تھا۔صرف سو آدمی اس کے آخری سفر میں شریک تھے۔ نہ ریاستی گورنر، ریاستی کابینہ کے وزراء اور نہ مرکزی حکومت کا نمائندہ نہ مزدور نہ فلم آرٹسٹ، حکومت کی نمائندگی ڈاکٹر رفیق زکریا نے کی۔ بعد میں شریمتی اندرا گاندھی کا تعزیتی پیام سلمی صدیقی کے نام آیا۔ان کے علاوہ بیگم عابدہ احمد، شیخ محمد عبداللہ، سید میر قاسم، پروفیسر نورالحسن، بیگم گجرال اور اندر کمار گجرال (سفیر روس برائے ہند) اوکولف (صدر شعبہ اطلاعات روسی سفارتخانہ دہلی)، ایس بی چوہان (وزیر اعلیٰ حکومت مہاراشٹرا)، خشونت سنگھ (ایڈیٹر السٹر یٹیڈ ویکلی، بمبئی)، ڈاکٹر ملک راج آنند، مالک رام، ڈاکٹر سید عابد حسین، صالحہ عابد حسین، امرت رائے، پروفیسر آل احمد سرور، خواجہ احمد فاروقی، ساغر نظامی، ڈاکٹر راج بہار گوڑ، خوشتر گرامی اور کئی ادیبوں شاعروں نے تعزیتی تار بھیجے۔ پاکستان سے فیض احمد فیض، سبط حسین، ابن انشاء، اختر جمالی وغیرہ نے تعزیتی خط لکھے اور تار بھیجے۔اس طرح اردو اور ہندی کے نامور ادیب اور افسانہ نگار کرشن چندر اپنی بے شمار کہانیوں اور ناولوں کا ورثہ چھوڑے اس دار فانی سے کوچ کر گئے۔ان کی موت کے بعد سلمی صدیقی اکیلی ہوگئیں۔

کرشن چندر کی شخصیت

اردو کے نامور افسانہ نگار و ناول نگار کرشن چندر ایک بھرپور شخصیت کے مالک تھے۔زندگی کے حوادث اور تجربات نے انہیں ایک مضبوط انسان بنایا۔وہ انفرادی اور اجتماعی زندگی میں ایک مجلسی آدمی تھے۔ اردو ہندی کے کئی ادیبوں سے ان کا رابطہ رہا اور انہوں نے کئی ادبی وسماجی انجمنوں اور سرگرمیوں میں بھرپور حصہ لیا۔

سراپا:۔ڈاکٹر بیگ احساس کرشن چندر کا سراپا بیان کرتے ہوئے لکھتے ہیں۔

"کرشن چندر کے خدوخال دلآویز کہے جاسکتے تھے۔

فراخ بینائی، سر کے بال کافی گھنے، سیاہ بھنویں، گندمی رنگ،

کتابی چہرہ، لمبی ناک، قد درمیانہ دبلے نہ موٹے، بچپن میں
چہرا بڑا معصوم تھا۔ عمر بڑھنے کے ساتھ سر کے بال کم ہوگئے
اور آنکھوں پر ایک چشمے کا اضافہ ہوگیا۔ کچھ فربہ بھی
ہوگئے''۔(۸)

شخصیت کی تعمیر کے مراحل: ۔ انسان کی شخصیت کی تعمیر میں اس کی زندگی کے مراحل، بچپن اور جوانی کا بڑا دخل ہوتا ہے۔ کیوں کہ یہ تربیت کا زمانہ ہوتا ہے۔ کرشن چندر کا بچپن خوشحالی میں گذرا تھا۔ ان کے والد سرکاری ڈاکٹر تھے اور جہاں بھی رہتے انہیں تحصیل میں بڑا بنگلہ ملتا تھا نوکر چاکر رہتے۔ اپنی بہن چندر مکھی کے انتقال کے بعد کرشن چندر ہی گھر کے بڑے بیٹے تھے۔ اس لئے ان کی پرورش بھی اچھے انداز میں ہوئی۔ کرشن چندر کا بچپن کشمیر کے علاقوں جموں اور پونچھ میں گذرا تھا۔ وہاں کے خوشنما مناظر نے اُن کی شخصیت اور فن کو بے حد متاثر کیا اور کرشن چندر نے اپنی تحریروں میں جا بجا کشمیر کے قدرتی مناظر اور زندگی کی رونقوں کا اظہار کیا ہے۔

کرشن چندر کو بچپن میں پینٹنگ کا بھی بڑا شوق تھا۔ لیکن آگے چل کر ان کا یہ شوق ماند پڑ گیا۔ اس ضمن میں اپنے خیالات بیان کرتے ہوئے کرشن چندر نے ایک انٹرویو میں کہا کہ:

''مجھے مصوری اور موسیقی دونوں سے بے حد دلچسپی
ہے۔ بلکہ میری فنی زندگی مصوری سے ہی شروع ہوئی تھی۔
اور مصوری سے پہلے موسیقی سے۔ کسی زمانے میں بچپن میں
اسکول اور کالج میں گایا کرتا تھا۔ لیکن بعد میں دونوں چھوڑ کر
ادب کی طرف چلا آیا۔ کیونکہ محسوس ہوا کہ ادب کے میدان
میں زیادہ بہتر کام کرسکتا ہوں۔ لیکن میرا ارادہ ہے کہ فرصت
میں کبھی کبھی پھر سے پینٹنگ کیا کروں''۔ ۹

کرشن چندر کی جوانی کا زمانہ دنیا بھر اور ہندوستان میں تحریکوں اور انقلابوں کا زمانہ تھا۔ زندگی کی شکست و ریخت ہر طرف جاری تھی۔ کرشن چندر نے ایف ایس سی میں سائنس کے مضامین لئے تھے۔ ان کے والد انہیں ڈاکٹر بنانا چاہتے تھے۔ لیکن انہیں آگے چل کر سائنس پسند

نہیں آئی اور بعد میں انہوں نے تاریخ' سیاسیات اور معاشیات کے ساتھ بی اے کیا اور ادب میں اپنا رجحان دکھانے لگے۔اس زمانے میں نوجوان انقلابی تحریکوں سے متاثر تھے۔کرشن چندر نے چونکہ قلم کو اپنا آلہ کار بنایا تھا اس لئے انہوں نے زندگی بھر قلم کے ذریعہ اظہار خیال کیا اور اپنی تحریروں کے ذریعے لوگوں کو متاثر کرتے رہے۔اس طرح بچپن میں چین وسکون اور عسرت کی زندگی اور جوانی میں انقلابی تحریکات کے اثرات سے کرشن چندر کی شخصیت کی تعمیر ہوئی۔ مارکسی نظریات کے اثر سے بھی وہ ترقی پسند تحریک سے وابستہ ہوئے۔اور ان کی تحریروں میں بھی نعرے بازی اور ہلکا پن شامل ہوتا گیا۔

لباس:۔ انسان کی شخصیت کا اظہار اُس کے ظاہری رکھ رکھاؤ لباس' بات چیت اور طرز عمل سے ہوتا ہے۔کرشن چندر لباس کے معاملے میں مغرب پسند تھے۔انہیں مغربی طرز کے لباس جس میں سوٹ اور ٹائی شامل ہیں پسند تھے۔کالج میں وہ بغیر سوٹ ٹائی نہیں جاتے تھے۔ بعد میں جب سوشلسٹ نظریات کے حامی ہوگئے تو مغربی لباس ترک کردیا اور ململ کا کرتا اور چوڑی مہری کا پائجامہ پہننے لگے۔ململ کا کرتا اور سفید سلک کی قمیص اور قیمتی چپل پہنتے۔باہر نکلتے تو شرٹ پینٹ پہنتے' اور کسی تقریب میں سوٹ پہنتے۔ وہ لباس اور بدن کی نفاست پر توجہ دیتے تھے۔ عام شاعروں اور ادیبوں کی طرح لمبے بال نہیں رکھتے تھے۔ پابندی سے بالوں کی اصلاح کرتے' صابن سے بار بار چہرہ دھوتے۔گھر میں صفائی کا خاص خیال رہتا۔ بستر اور استعمال کی چیزیں صاف رکھتے۔انہیں کھانسی کے ساتھ بلغم کی شکایت تھی جسے وہ رومال کے ذریعہ دور کرتے لیکن کہیں تھوک کر ماحول کو گندا نہیں کرتے تھے۔لکھنے کیلئے وہ پارکر قلم اور نیلے رنگ کا قیمتی پیڈ استعمال کرتے تھے۔

غذا:۔ کرشن چندر کا بچپن چونکہ خوشحال گذرا تھا اور والد کی وجہ سے انہیں آرام دہ زندگی گذارنے کا موقع ملا تھا۔اس لئے غذا کے معاملے میں بھی وہ خوش پسند تھے اور ہر قسم کے لذیذ کھانے انہیں اچھے لگتے تھے۔کرشن چندر کی غذائی عادات کے بارے میں ڈاکٹر بیگ احساس یوں رقم طراز ہیں:

''اچھی غذا کے شوقین تھے' ہمہ اقسام کی لذیذ غذائیں'

مٹھائیاں، قورمہ، بریانی، شامی کباب، کوفتے، شاہی ٹکڑے، فیرنی، سویویاں، زردہ، شیرمال، مرغ، مچھلی طرح طرح کے گوشت، کرمری تنوری روٹی، دودھ بالائی کے ساتھ پھلوں، ٹھنڈا کسٹرڈ، دودھ سے بنے ہوئے بنگالی رس گلے اور پھل پسند تھے۔ پھلوں سے انہیں عشق تھا غالب کی طرح آم بے حد پسند تھے۔ موسم کے پہلے آم کھانا پسند کرتے تھے۔ وہ چٹ پٹے کھانوں کے شوقین تھے۔ سادہ کھانا پسند کرتے تھے۔ لیکن عمدہ پکا ہوا ہو۔ سبزی میں مٹر اور پھلوں میں سیب پسند تھا۔ ہوٹلوں میں کھانا پسند تھا۔ کسی ہوٹل کا کھانا پسند نہ آتا تو یوں ہی میز پر چھوڑ کر اور بل ادا کر کے دوسری ہوٹل چلے جاتے۔ تھالی میں کھانے سے انہیں نفرت تھی۔ وہ کہتے تھالی میں کھانے والے کا دل بہت چھوٹا ہوتا ہے۔ وسیع دسترخوان وسیع القلبی کی نشانی ہے''۔ ۱۰

اپنی دوسری بیوی سلمیٰ صدیقی سے شادی کی وجہ بھی کرشن چندر نے اچھے کھانے ہی بتائی۔ لیکن جب سلمیٰ صدیقی بطور پرہیز انہیں ابلے کھانے دیتیں تو کرشن چندر اعتراض کرتے کہ تم کیسی مسلمان ہو جو لذیذ کھانوں کے بجائے ابلی ہوئی سبزیاں کھلاتی ہو۔ اس طرح کرشن چندر کو احساس تھا کہ مسلم گھرانوں میں لذیذ غذائیں تیار ہوتی ہیں۔ بیماری کے دنوں میں بھی وہ پرہیز سے کتراتے تھے اور چوری چھپے گوشت اور دیگر مصالحے دار پکوان غذا میں استعمال کرتے تھے۔ ادیبوں کی عام عادت کی طرح انہیں بھی شراب اور سگریٹ نوشی کی عادت تھی۔ شراب پی کر خاموش ہو جایا کرتے تھے۔ اچھی وہسکی پسند تھی قلب پر حملے کے بعد بھی پیتے رہے لیکن مقدار کم کر دی تھی۔ مرنے سے عین قبل سلمیٰ کا ہاتھ پکڑ کر انہوں نے کہا تھا کہ اب بد پرہیزی نہیں کروں گا لیکن اپنی بات پر عمل کرنے کا انہیں موقع نہیں ملا۔ اس طرح کرشن چندر کی غذائی عادات پر نظر ڈالیں تو پتہ چلتا ہے کہ انہوں نے زندگی بھر خوش خوراکی کا اظہار کیا اور اردو کے ادیب ہونے کے

باوجود اچھی زندگی گذاری۔

لوگوں کے ساتھ روابط :۔ اردو کے اچھے ادیب ہونے کے علاوہ کرشن چندر ایک مجلسی انسان بھی تھے۔ انہیں دوست بنانا اور دوستی نبھانا خوب آتا تھا۔ بچپن اور جوانی میں ہی ان کے احباب کا حلقہ کافی وسیع رہا۔ کالج کے زمانے میں ٹریڈ یونین تحریک کے زیر اثر لوگوں کا حلقہ احباب وسیع رہا۔ کنہیالال کپور' اوپندر ناتھ اشک' مولانا صلاح الدین' میاں بشیر احمد' میرا جی' احمد ندیم قاسمی' عاشق حسین بٹالوی' دیوندر ستیارتھی' ممتاز مفتی' فیاض محمود اور چودھری نذیر احمد ان کے اس دور کے دوست احباب تھے۔ ریڈیو کی ملازمت کے بعد ان کے احباب میں بیدی' سعادت حسن منٹو' محمود نظامی' انصار انصاری' شوکت تھانوی' ڈاکٹر اختر حسین رائے پوری' ڈاکٹر محمود حسین' راز مراد آبادی' حامد علی خان اور میراں جی شامل ہوگئے۔ جب وہ دلی آئے تو ان سے ملنے والوں میں ن۔م۔ راشد' ڈاکٹر محمود دین تاثیر' فیض احمد فیض' ریوتی سرن شرما' جگن ناتھ آزاد' منٹو' ہنس راج رہبر اور شاکر احمد دہلوی شامل ہوئے۔ کرشن چندر کے پاس دولت کی ریل پیل تھی۔ لیکن ان کی شخصیت کی اعلیٰ ظرفی رہی کہ انہوں نے دوستی میں امیر غریب کا بھید بھاؤ نہیں کیا۔ ان کی شخصیت کے اس پہلو کو اجاگر کرتے ہوئے ڈاکٹر بیگ احساس لکھتے ہیں۔

> ''پیسے کی فروانی سے بڑے بڑے ادیبوں نے اپنا ظرف کھودیا اور روش بدلنے لگے۔ لیکن کرشن چندر نے اپنا انداز نہیں بدلا۔ ان کے ملنے کا انداز وہی بے غرضانہ اور مخلصانہ تھا۔ اوروں کے بارے میں بری باتیں سن کر اس کان سے سنتے اور اس کان سے اڑادیتے تھے۔ اپنے دفتری فرائض جانفشانی سے انجام دیتے تھے۔ لیکن افسروں سے کوئی سروکار نہ ہوتا۔ اپنے دوستوں میں مگن رہتے۔ تکلف کی حد برقرار رکھتے۔ وہ کم گو تھے۔ ان میں ایک وقار تھا۔ طبعیت میں اوچھا پن نہ تھا۔ چاپلوسی اور خوشامد نہیں کرتے تھے۔ خود اپنے آپ میں مگن رہتے تھے۔''[11]

کرشن چندر خودار بھی تھے۔ ملازمت کے دوران اگر مزاج کے خلاف کچھ ہوتو ہمیشہ استعفیٰ دینے کیلئے تیار رہتے۔ کرشن چندر نے جب بمبئی آمد کے بعد فلمی دنیا میں قدم رکھا تو ان کے حلقہ احباب میں ساگر' سردار جعفری' نیاز حیدری' عادل رشید' کیفی اعظمی' خواجہ احمد عباس' اعجاز صدیقی' عصمت چغتائی' اختر الایمان وغیرہ شامل ہوتے۔ کرشن چندر ساتھیوں سے حسد نہیں کرتے تھے اور نہ ہی دوسروں پر چھا جاتے تھے۔ وہ اپنے ہر ادیب دوست کو بڑھاوا دینے کی کوشش کرتے۔ دوستوں سے کبھی قرض بھی لیتے اور جب ان کے پاس پیسہ آجاتا تو ضرورت مند کی اس انداز میں مدد کرتے کہ اُسے پتہ بھی نہ چلتا۔

دوستوں کے ساتھ بیٹھتے ہوئے وہ اپنی تکلیف اور بیماری کو بھول جاتے اور چند لمحے خوشگوار موڈ میں گذار لیتے۔ کرشن چندر نے روپیہ بہت کمایا پھر بھی اکثر مالی مشکلات میں گھرے رہے۔ وہ اچھا کھاؤ اچھا پیو پر عمل کرتے ہوئے شاہ خرچی کرتے تھے اور ہمیشہ تنگدست بھی رہا کرتے تھے۔ وہ اپنا کام دلچسپی سے کرتے۔ صبح چار بجے اٹھتے شیو کرتے' نہاتے' نہا کر اخبار پڑھتے اور ٹہلنے کیلئے نکل جاتے تھے۔ لکھنے پڑھنے کے دوران صفائی کا خیال رکھتے۔ کرشن چندر وعدے کے پابند تھے۔ پبلشروں سے جو وعدہ کرتے اُسے پابندی سے تکمیل کرنے کی کوشش کرتے۔ یہی وجہ ہے کہ پبلشران سے خوش رہتے تھے۔ کرشن چندر وقت کے بڑے پابند تھے۔ اپنے ذاتی کام پابندی سے کر لیتے۔ وہ روزانہ کچھ نہ کچھ لکھتے تھے۔ وہ ایک نشست میں ایک افسانہ لکھ دیتے تھے۔ اور اکثر اُسے دوبارہ پڑھنے کی نوبت نہیں آتی تھی۔ ان داتا' موجی' کالو بھنگی اور بھومی دان افسانے انہوں نے ایک نشست میں ایک افسانہ کے اعتبار سے لکھے۔ وہ پہلے افسانے کا پلاٹ اور دیگر امور سوچ لیتے تھے۔ اور پھر ایک بار میں لکھ دیتے تھے۔ وہ اپنے آپ کو قلم کا مزدور سمجھتے تھے۔ اور جس طرح مزدور کو کام کرے بغیر روزگار نہیں ملتا اُسی طرح وہ بھی لکھنے کو کام سمجھتے جس سے انہیں اچھے خاصے پیسے مل جاتے تھے۔ اور کرشن چندر اُن پیسوں سے شاہ خرچی کرتے تھے۔

گھر والوں کے ساتھ روابط:۔ کرشن چندر نے ایک ایسے گھر میں پرورش پائی جہاں مال و دولت سب کچھ تھا۔ لیکن یہ اپنی فطرت سے کمزور اور شریف تھے۔ گھر میں بڑے تھے۔ لیکن کبھی اپنے بڑے ہونے کا رعب نہیں چلاتے تھے۔ خود سے کوئی فیصلہ نہیں کرتے تھے۔ بچپن میں بہن

بھائیوں سے محبت رکھتے تھے۔اپنی بڑی بہن چندر مکھی کا انہوں نے محبت سے ذکر کیا ہے۔ان کی پہلی شادی ودیاوتی کے ساتھ گھر والوں کی مرضی سے ہوئی تھی۔لیکن وہ اپنی بیوی کے ساتھ خوش نہیں رہے۔ان کی بیوی سخت مزاج تھی اور وہ کرشن چندر کی ادبیت سے ناراض تھی۔اس کے باوجود دونوں نے بیس سال تک زندگی ساتھ گذاری ان سے تین بچے کپیلا کماری' الکا کماری اور رنجن چوپڑا تھے۔بچوں کے علاج ومعالجہ میں کرشن چندر بہت خرچ کرتے تھے۔الکا کماری کا بچپن میں ذہن توازن چلا گیا تھا۔اس کے علاج پر کرشن چندر نے بہت روپیہ خرچ کیا۔جیسا کہ کہا گیا کہ کرشن چندر کو ودیاوتی بالکل پسند نہ تھیں اس لئے وہ دوسری عورتوں سے عشق کرنے لگے۔رشید احمد صدیقی کی بیٹی سلمی صدیقی سے 47 سال کی عمر میں عشق کیا اور شادی بھی کی لیکن مرنے کے بعد وصیت میں سلمی صدیقی کیلئے بیوی کے بجائے دوست کا لفظ استعمال کیا۔حالانکہ سلمی صدیقی نے انہیں بیماری کے زمانہ میں بہت ساتھ دیا تھا۔اس طرح ازدواجی زندگی اور گھریلو زندگی میں وہ ایک اوسط قسم کے انسان تھے۔

شخصیت کی دیگر خصوصیات : ۔کرشن چندر کو اپنے وطن ہندوستان سے بہت پیار تھا۔اور انہیں پاکستانی شہر لاہور سے خاص محبت تھی۔کیونکہ انہوں نے اپنی جوانی کے دن وہیں گذارے تھے۔وہ پاکستان کے ادیبوں سے خوشی سے ملتے تھے۔اور ان کے حالات جاننے کیلئے بے چین رہتے تھے۔احمد ندیم قاسمی' سبط حسین' ہاجرہ مسرور سب کے بارے میں پوچھتے تھے۔کرشن چندر نے زمانہ کے سرد گرم دیکھے تھے۔اور ان میں حالات سے لڑنے کا مادہ بہت تھا۔وہ روشن ضمیر تھے۔کسی کے انتقال کی خبر سنتے تو مغموم ہوجاتے۔زندگی میں خوشی اور غم دیکھے۔اکثر ان کی یاد میں جو بڑے پروگرام ہوئے اس کے بعد ان کی طبعیت خراب ہوئی۔یہ ان کی قسمت تھی۔کرشن چندر کمیونسٹ نظریات کے قائل تھے۔اور اپنی تحریروں میں انہوں نے باغیوں کو ہیرو بنایا۔چین اور روس کی تائید کرتے رہے جبکہ وہاں انسانیت پر مظالم ہورہے تھے۔آخری دنوں میں کرشن چندر کا دل بمبئی سے اچاٹ ہوگیا تھا۔اور وہ کشمیر یا کسی پہاڑی علاقہ میں رہنا چاہتے تھے اور وہاں اپنی آپ بیتی اور ایک بڑا ناول لکھنے کے خواہش مند تھے لیکن ان کی یہ تینوں خواہشیں پوری نہیں ہوسکیں۔بالآخر بمبئی میں ہی ان کی زندگی کا سفر انجام کو پہنچا۔اس طرح اردو کے مشہور افسانہ نگار

کرشن چندر کی زندگی کا سفر اچھی اور بری یادوں کے ساتھ ختم ہوتا ہے۔ اور وہ اردو ادب کی تاریخ میں ایک زود نویس افسانہ نگار کے طور پر جانے جاتے ہیں۔

حواشی

(۱) ڈاکٹر بیگ احساس۔ کرشن چندر شخصیت اور فن حیدر آباد۔ 1999ء، ص ۹

(۲) کرشن چندر ''آئینہ خانہ میں'' افکار اکتوبر 1962ء ص۔۹۔

(۳) ڈاکٹر بیگ احساس ''کرشن چندر شخصیت اور فن عہد'' ص ۱۲۔

(۴) مہیندر رناتھ۔ کرشن چندر۔ نقوش شخصیات نمبر لاہور۔ شمار 475، جنوری 1955ء ص 385

(۵) ڈاکٹر احمد حسن۔ کرشن چندر حیات اور کارنامے۔ تحقیقی مقالہ۔ 1962ء ص 8۔

(۶) اعجاز صدیقی۔ حرف آخر۔ شاعر۔ کرشن چندر نمبر 6-1977 ص۔ 109۔

(۷) ڈاکٹر بیگ احساس ''کرشن چندر شخصیت اور فن ص 64۔

(۸) ڈاکٹر بیگ احساس۔ کرشن چندر شخصیت اور فن۔ ص 69

(۹) ڈاکٹر بیگ احساس۔ کرشن چندر شخصیت اور فن۔ ص 6-115

(۱۰) ڈاکٹر بیگ احساس۔ کرشن چندر شخصیت اور فن۔ ص 77-76

(۱۱) ڈاکٹر بیگ احساس۔ کرشن چندر شخصیت اور فن۔ ص 81

☆ دوسرا باب

اردو میں رپورتاژ نگاری: فن اور روایت

اردو میں جدید نثر:۔ اردو ادب میں 1800ء سے اردو نثر کو سادگی ملنا شروع ہوئی۔ کلکتہ کے فورٹ ولیم کالج کے قیام سے سادہ اردو نثر میں تخلیقات پیش ہونے لگیں۔ دہلی کالج کے ماسٹر رام چندر نے اردو مضمون نگاری کو فروغ دیا۔ فورٹ ولیم کالج کی اردو نثر کو سادگی فراہم کرنے کی خدمات کی ستائش کرتے ہوئے سید احتشام حسین لکھتے ہیں۔

> ''موضوع کے اعتبار سے نہ سہی اصولوں اور طرز اردو کے لحاظ سے فورٹ ولیم کالج کے بعض کارنامے جدید انداز کے حامل ہیں لیکن وہ تبدیلی جو ظاہر اور باطن دونوں پر حاوی ہو اُس جدید شعور ہی سے وابستہ کی جاسکتی ہے۔ جس کا اظہار سرسید، حالی، آزاد اور نذیر احمد کی تحریروں میں ہوا۔ [1]

اردو کے افسانوی ادب میں فسانہ آزاد اور فسانہ عجائب کی رنگین نثر نگاری کی مثالیں تھیں۔ جو شاہی دور کی یادگار تھیں۔ لیکن 1857ء کے انقلاب نے زندگی کو مسائل سے دوچار کر دیا جس سے شاہی زندگی کی جگہ عوامی زندگی اور اس کے حقیقی مسائل سامنے آئے۔ اردو ناول، سوانح نگاری، خطوط نگاری اور مضمون نگاری کے جدید اسالیب نثر وجود میں آے۔ نذیر احمد نے اردو ناول میں حقیقت نگاری کو فروغ دیا۔ سرسید احمد خان نے مسلمانوں کو خواب غفلت سے جگانے کیلئے علی گڑھ تحریک شروع کی جو ایک سماجی اور اصلاحی تحریک تھی۔ لیکن سرسید اور اُن کے رفقاء نے اصلاحی باتوں کو عام کرنے کیلئے سادہ نثر اختیار کی اور اردو مضمون نگاری کو فروغ دیا۔ خود سرسید

نے اپنے رسالہ''تہذیب الاخلاق'' میں 200 سے زیادہ مضامین لکھے۔حالی نے حیات سعدی یادگار غالب اور حیات جاوید کے نام سے اردو میں سادہ اسلوب کے ساتھ تین سوانح عمریاں لکھیں۔ اردو کے مشہور شاعر مرزا غالب نے مکتوب نگاری کا ایک نیا طریقہ نکالا جس کے بارے میں حالی نے کہا کہ''مرزا نے مراسلہ کو مکالمہ بنا دیا''۔ غالب کے خطوط اردو نثر نگاری میں ایک خوشگوار اضافہ ہیں۔ سرسید حالی اور دیگر کی نثر نگاری میں اجتماعی کوشش کو جدید اردو نثر کا نقطہ آغاز قرار دیتے ہوئے ڈاکٹر ایس ایم زیڈ گوہر لکھتے ہیں۔

''اردو میں جدید نثر کا آغاز دراصل 19 ویں صدی عیسوی میں ہوا۔اس ضمن میں سرسید کا نام سب سے ممتاز اور سرفہرست ہے۔سرسید ایک تبلیغی جذبہ وتصور رکھتے تھے۔اپنی باتوں کو زیادہ لوگوں تک پہنچانے اور انہیں اپنے تصورات و خیالات سے قریب تر کرنے کیلئے انہوں نے جس نثری اسلوب کو اختیار کیا فطری طور پر اس میں استدلال کا جوڑ تھا۔ جانداری اور قوت کی روانی اور عام فہمی کی انہوں نے اپنے عہد کی معاشرتی زندگی کے کم وبیش تمام مسئلوں پر توجہ دی۔ اور اپنے نثری مضامین کے ذریعہ اُن کو پیش کیا۔یہ ایک تاریخی صداقت ہے۔ سرسید ہی نے سب سے پہلے علمی نثر نگاری کے فروغ کے امکانات تلاش کئے۔ میر امن اور غالب کی نثر جدید ادبی نثر تو قرار دی جاسکتی ہے۔اسے علمی نثر نہیں کہا جاسکتا۔'' ۲

غالب کی مکتوب نگاری بھی اردو کے جدید اسالیب نثر کا ایک اہم حصہ ہے۔ غالب کی مکتوب نگاری کی خصوصیات بیان کرتے ہوئے ڈاکٹر سید عبداللہ لکھتے ہیں۔

''مرزا غالب کے خطوط سے اردو کی ترقی کی چوتھی منزل شروع ہوتی ہے۔اور اسی منزل سے اردو میں سنجیدہ اور رواں

نثرنویسی کا آغاز بھی ہوتا ہے۔ مرزا غالب کو نثر کے تقاضوں کا پورا احساس تھا اور اس سلسلہ میں اپنے فرائض سے کماحقہ واقفیت تھی۔ اُن کے خطوط کے موضوعات میں خاصا تنوع ہے۔ لیکن انہوں نے ہر موقع پر اظہار اور بیان کی جداجدا مقتضیات کا خیال رکھا ہے۔ عام معلومات اور کاروباری باتوں کے علاوہ ان کے مکاتیب میں واقعات کا بیان' اشیاء' اشخاص' مناظر اور حالتوں کا وصف تنقید و تقریظ اور عرائض موجود ہے۔ مرزا نے ان میں سے ہر نوع کی بنیادی شرائط کی پاسداری کی ہے۔ ؎۳

19 ویں صدی کے آواخر اور 20 ویں صدی کے آغاز میں اردو افسانہ کا بول بالا رہا۔ بعد میں 1936ء سے اردو نثر میں ترقی پسند تحریک کے زیر اثر افسانہ تنقید اور بعد میں رپورتاژ نگاری جیسی نثری اصناف کو فروغ حاصل ہوا۔ اس طرح دیکھا جائے تو وجہی سے میر امن تک' غالب سے آزاد' حالی' شبلی و سرسید تک شرر و رسواء سے پریم چند تک اور نیاز فتح پوری' عبدالرحمٰن بجنوری' مولانا ابوالکلام آزاد اور عبدالحق تک نثر نگاروں کا ایک ایسا کاروان ہے۔ جس نے اردو ادب میں اپنے رنگا رنگ اسالیب نثر کے نمایاں نقوش چھوڑے ہیں اور اردو نثر میں جدید اصناف کی راہ ہموار کی۔

رپورتاژ کی تعریف: ۔ اردو میں اکثر شعری و نثری اصناف مغرب کے زیر اثر شامل ہوئیں۔ ایسی ہی ایک نثری صنف رپورتاژ ہے۔ جو ترقی پسند تحریک کے ساتھ آگے بڑھی۔ رپورتاژ صحافتی صنف ہے اسے بطور ادبی صنف صرف اردو ادب میں برتا گیا۔ لفظ (Reportage) لاطینی اور فرانسیسی زبانوں کے خاندان سے ہے جو انگریزی میں (Report) رپورٹ کے ہم معنی ہے۔ رپورٹ سے مراد تو سیدھی سادی تصویر پیش کرنے کے ہیں۔ لیکن اگر اس رپورٹ میں ادبی اسلوب، تخیل کی آمیزش اور معروضی حقائق کے ساتھ ساتھ باطنی لمس بھی عطا کیا جائے تو یہ صحافت سے الگ ہوکر ادب میں شامل ہوجاتی ہے۔ چنانچہ ادبی اصطلاح میں رپورتاژ ایک ایسی چلتی

پھرتی تصویر کشی ہے جس میں خود مصنف کی ذات، اسلوب، قوتِ متخیلہ، تخلیقی توانائی اور معروضی صداقت موجود ہوتی ہے۔ اکثر سفرناموں کو بھی رپورتاژ کے زمرے میں رکھا جاتا ہے لیکن سفر نامے کے لیے سفر کی
ضرورت ہوتی ہے لیکن رپورتاژ میں ایسا ضروری نہیں۔ مصنف چشمِ تخیل کے ذریعے ہی رپورتاژ تخلیق کر سکتا ہے۔

رپورٹ کو روداد نگاری کہا گیا ہے۔ جس کا تعلق صحافت سے ہے۔ جبکہ رپورتاژ ایک ادبی صنف ہے۔ جس میں معروضیت اور موضوع شامل ہے۔ رپورٹ میں صحافت کی خشکی ہوتی ہے۔ اور کب' کیوں' کہاں' کیسے کا سادہ جواب ہوتا ہے۔ جبکہ رپورتاژ میں کسی واقعہ کو اپنے انداز میں جذبات و احساسات کے ساتھ بیان کیا جاتا ہے۔ احتشام حسین رپورتاژ کی تشریح بیان کرتے ہوئے لکھتے ہیں کہ

''رپورتاژ کو ہم واقعات کی ادبی اور محاکاتی رپورٹ کہہ سکتے ہیں''۔ [۹]

رپورٹ مختصر ہوتی ہے جبکہ رپورتاژ مختصر سے طویل ہو سکتا ہے۔ ڈاکٹر ایس ایم زیڈ گوہر نے رپورتاژ کی تعریف میں بعض مغربی مصنفین کا حوالہ دیا ہے۔ جس کا خلاصہ اس طرح ہے۔

> ''رپورتاژ ایسی تحریر ہے جو حقیقی دستاویزی واقعات پر مشتمل ہوں''۔ ذاتی تفصیلات پسند کرنے والوں کیلئے بعض رپورتاژ دلچسپ ثابت ہوں گے کسی مقرر یا مقررین کے بیانات' کسی جلسے کی کارروائی یا واقعہ یا حادثہ کا کم و بیش مکمل بیان' ایک مخصوص فارم یا اخبارات میں اشاعت کی غرض سے تحریر کرنا رپورتاژ ایسی تحریر ہے جو راست مشاہدہ یا محتاط یا دستاویزی واقعات و مناظر کی سچی تفصیل پیش کرتی ہے۔ رپورتاژ کسی عملی واقعہ تاریخ وغیرہ کی تحریری تفصیل جو راست مشاہدہ یا مکمل تحقیق اور دستاویزی بنیاد پر پیش کی گئی ہوں۔ رپورتاژ ایک فرانسیسی اصطلاح ہے۔ جس کا استعمال

عام طور سے صحافتی ہوتا ہے۔ مگر اس کیلئے جو تکنیک اپنائی جاتی ہے وہ عضویاتی طور پر افسانہ سے قریب ہوتی ہے۔ ۵

رپورتاژ اور سفرنامہ: رپورتاژ سے ملتی جلتی صنف سفرنامہ بھی ہے۔ جس میں کسی سفر کا حال اپنے انداز میں سفرنامہ لکھنے والے کے جذبات و احساسات و ذاتی نظریات و مشاہدات کے ساتھ پیش کئے جاتے ہیں۔ رپورتاژ کا تعلق سفرناموں اور افسانہ سے جوڑتے ہوئے ڈاکٹر سید رفیق حسین لکھتے ہیں۔

"رپورتاژ سفرناموں سے ذرا مختلف ہوتا ہے۔ سفر نامے زیادہ طویل ہوتے ہیں اور ان کا انداز بیان معروضی ہوتا ہے۔ رپورتاژ مزہ لے لے کر تحریر ہوتا ہے اور مختصر ہوتا ہے۔ اخبار و رسائل کے اجراء سے یہ معارض وجود میں آیا۔ اس پر صحافتی ٹھپہ پڑا ہوتا ہے۔ سفرنامہ میں گپ شپ کا کوئی شائبہ نہیں ہوتا۔ لیکن رپورتاژ میں بعض حصے ایسے ہوتے ہیں جن پر گپ کا اطلاق ہوتا ہے یا ہو سکتا ہے۔ رپورتاژ میں اس کی نوعیت ذرا مختلف ہے۔ اتنا لکھنا اور ضروری سمجھتا ہوں کے رپورتاژ مختصر افسانہ کی قسم ہے۔ جو اسی کے تحت آتی ہے۔ لیکن قدرے مختلف ہوتی ہے مگر کوئی بنیادی فرق نہیں ہوتا۔ مختصر افسانوں کا دامن بہت وسیع ہوتا ہے۔ جس میں مضمون مختصر سوانح سب کچھ شامل ہے۔ ۶

رپورتاژ اور سفرنامہ کی تکنیک اور انداز پیش کش میں نمایاں فرق پایا جاتا ہے۔ سفرنامہ میں منظر نگاری لازمی ہے۔ رپورتاژ میں لازمی نہیں۔ سفرنامہ میں متفرق حالات ہوتے ہیں۔ اُن کا ایک کڑی میں پیش ہونا ضروری نہیں۔

رپورتاژ اور واقعہ نگاری: رپورتاژ میں جو واقعات پیش ہوتے ہیں وہ اصل موضوع سے جڑے ہوتے ہیں۔ رپورتاژ میں تخیل کی اڑان نہیں بھری جاتی۔ سفرنامہ میں اس کی گنجائش

ہوتی ہے۔ رپورتاژ کا مختصر ہونا بھی ضروری نہیں واقعات زیادہ ہوں تو رپورتاژ طویل بھی ہوسکتا ہے۔ رپورتاژ نگار اپنی مرضی سے کسی واقعہ کو بڑھا کر یا گھٹا کر پیش نہیں کرسکتا کیونکہ وہ واقعات کے تابع ہوتا ہے۔ رپورتاژ میں خوشی اور غم ہر قسم کے واقعات بیان ہوتے ہیں۔ جنگ‘ فساد‘ انقلاب‘ قحط‘ سیلاب اور اہم ادبی اور تہذیبی جلسے‘ مشاعروں کی روداد‘ سمینار کی روداد وغیرہ رپورتاژ کے بنیادی موضوعات ہیں۔ رپورتاژ نگار کسی بھی موضوع کو اپنے لئے منتخب کرسکتا ہے۔ غیر اہم واقعات پر رپورتاژ لکھا جائے تو رپورتاژ میں دلچسپی ختم ہوجائے گی۔ معاشرے میں ہونے والے واقعات رپورتاژ کی بنیاد ہے۔ ہر واقعہ کسی نہ کسی جگہ ہوتا ہے۔ اس کیلئے ماحول کا منظر بیان کرنا رپورتاژ کیلئے ضروری ہے۔ اس کیلئے اُسے مقام اور حالات سے واقف ہونا ضروری ہے۔

کردار: رپورتاژ میں کردار ہوتے ہیں۔ افسانوں اور ناولوں میں کردار تخلیق کئے جاتے ہیں۔ جبکہ رپورتاژ میں حقیقی کرداروں کو پیش کیا جاتا ہے۔ اس کیلئے اُن کے عادات واطوار‘ لباس‘ رہن سہن وغیرہ کے بیان میں غلط بیانی سے کام نہیں لیا جاسکتا۔ رپورتاژ میں اُنہی کرداروں کا ذکر کیا جاتا ہے جن کا واقعات سے تعلق ہوتا ہے۔ غیر متعلقہ کرداروں کو رپورتاژ میں جگہ نہیں دی جاسکتی۔ رپورتاژ میں خارجیت کے ساتھ داخلیت بھی ہوتی ہے اور رپورتاژ نگار کیلئے ضروری ہے کہ واقعات کے ساتھ واقعات کے انداز بیان پر بھی توجہ دے اور دونوں میں توازن قائم رکھے۔ اس ضمن میں اپنے خیالات کا اظہار کرتے ہوئے ڈاکٹر ایس ایم زیڈ گوہر کہتے ہیں کہ

> ’’فنی طور پر زیادہ توجہ طلب اور اہم رپورتاژ دراصل وہی ہوتے ہیں جن میں داخلیت اور خارجیت کے ان عناصر کا مسلسل اور حسین امتزاج سامنے آتا ہے۔ رپورتاژ کے فارم کو سطحی انداز میں استعمال کرلینا ہی سب کچھ نہیں ہے۔ سستی جذباتیت کے ساتھ سطحی معلومات اکٹھا کردینا کافی نہیں ہے۔ غیر اہم واقعات اور بے کار تفصیلات کو یکجا کردینے سے کام نہیں چلتا بے مقصد اطلاعات فراہم کرنا کوئی بھی کارمسرت نہیں ہے۔ رپورتاژ کو تخلیقی حسن واثر سے

آراستہ کرنے کیلئے ضروری ہے کہ رپورتاژ نگاری ذاتی یا سماجی تجربوں کو ایک واضح نقطہ نظر کی بنیاد پر اس خوش اسلوبی سے پیش کریں کہ رپورتاژ میں پیش کردہ واقعات اپنے تمام احساسات اور متعلقہ صورتحال کے تمام تاثرات کی بھی آئینہ سامانی کریں۔ اگر واقعات بغیر احساسات و تاثرات کے بیان کئے جائیں تو اُن کی کشش ختم ہو جاتی ہے اور رپورتاژ نگار کا اپنا نقطہ نظر بھی دُھندلکوں میں گم رہتا ہے۔ مجموعی طور پر یہ کہنا بہتر ہوگا کہ فنی اور ادبی طور پر ہی رپورتاژ کامیاب قرار دیا جاسکتا ہے۔ جس میں خارجیت اور داخلیت کا گہرا امتزاج رونما ہوا ہو۔ یہی ایک ایسی کسوٹی ہے جس پر رپورتاژ نگار کی تخلیقی بصیرت بہ آسانی پرکھی جاسکتی ہے۔ اسی لئے اس کی فنکارانہ صلاحیت کا بہ خوبی اندازہ کیا جاسکتا ہے۔ ؎

رپورتاژ میں فنکار اپنے عہد کی تصویر پیش کرتا ہے۔ اس کے ذریعہ صرف ادبی چاشنی ہی فراہم نہیں کی جاتی بلکہ زندگی کے اسرار سے پردہ اٹھایا جاتا ہے۔ رپورتاژ میں واقعہ نگاری، منظر نگاری، کردار نگاری، جذبات نگاری اور جزئیات نگاری کے اچھے نمونے پیش کئے جاسکتے ہیں۔

اسلوب : رپورتاژ میں اسلوب بیان کی بھی بڑی اہمیت ہے۔ کوئی سادہ اور غیر اہم واقعہ بھی رپورتاژ کے دلچسپ اسلوب نگاری سے یادگار بن سکتا ہے۔ رپورتاژ کے اسلوب کے بارے میں ڈاکٹر ایس ایم زیڈ گوہر لکھتے ہیں۔

"رپورتاژ کی صنف افسانوی بصیرت اور تاریخی شعور رکھتی ہے۔ اس لئے فطری طور پر اس کے اسلوب کی کشش انگیزی اور رومانیت بڑھ جاتی ہے۔ اگرچہ یہاں واقعات کا استنادی پہلو نمایاں رہتا ہے اور حقائق کی پیش کش ہی کو اہمیت حاصل ہوتی ہے اس کے باوجود اسلوب تحریر خشک اور

بے کیف نہیں ہوتا۔ کیونکہ رپورتاژ نگار کی ذاتی اور داخلی کیفیت اُس کے حسن و اثر کو بڑھا دیتی ہے۔ وہ چشم دید واقعات کا محضر، منشی اور محور نہیں ہوتا بلکہ اپنی تخلیقی قوت اور فنی بصیرت سے انہیں ایسی روشنی دیتا ہے جو ان واقعات کی تابناکی و توانائی کو زیادہ توجہ طلب اور دیرپا بنا دیتی ہے۔ اس کے پیش نظر تاریخ ہوتی ہے تاریخ سے وابستہ غیر معمولی واقعات و سانحات بھی ہوتے ہیں اور ان واقعوں کے پش منظر میں موجزن جذبہ واحساس بھی وہ ان تمام عناصر کو ایسے امتزاجی رنگ میں پیش کرتا ہے کہ رپورتاژ کی اسلوبی پائیدار اور ادبی قدروں کی مظہر بن جاتی ہے۔ 8

رپورتاژ نگاری کیلیئے ادبی زبان کا استعمال لازمی ہے۔کوئی رپورتاژ نگار زبان کی قواعد سے منہ نہیں موڑ سکتا۔ زبان میں تخلیقی شان ہو۔ اور ایسی زبان استعمال کی جائے کہ اس کی خوبصورتی میں کھو کر قاری اپنے اصل مقصد سے بھٹک نہ جائے رپورتاژ میں چونکہ واقعات کی تصویر کشی ہوتی ہے اس لئے ایسی زبان استعمال کی جائے کہ قاری تک واقعہ اصلی حالت میں پہنچ جائے۔ طرز نگارش کو دلچسپ بنانے کیلیئے زبان شوقی وشرارت بھی شامل کی جاسکتی ہے۔

اردو میں رپورتاژ نگاری کی روایت:۔ رپورتاژ نگاری مغربی صنف ہے۔ 1830ء کے فرانسیسی انقلاب کے بعد ہی رپورتاژ نگاری کے نقوش ملتے ہیں۔ لیکن یورپ میں رپورتاژ نگاری کا باضابطہ آغاز بیسویں صدی کے ربع اول سے ہوتا ہے۔ دوسری جنگ عظیم کے دوران انگریزی ادب میں کثرت سے رپورتاژ لکھے گئے یورپ میں رپوتاژ نگاری کے ابتدائی نقوش بیان کرتے ہوئے حسن عسکری لکھتے ہیں۔

”1830ء کے قریب یورپ میں سیاست اور معیشیت کے ہنگامی مسائل ادبی مسائل سے زیادہ اہم بن گئے تھے۔ ایک طرف تو افراط زر کی وجہہ سے یورپ کا معاشی

نظام بیٹھا جا رہا تھا۔ تو دوسری طرف ہٹلر اور مسولینی ایک نئی جنگ کی داغ بیل ڈال رہے تھے۔ 1836ء میں اسپین کی خانہ جنگی شروع ہوئی تو لوگوں نے محسوس کیا کہ یہ ایک چھوٹا سا مسئلہ نہیں ہے۔ بلکہ پوری مغربی تہذیب کے اندر جو عناصر ایک دوسرے سے نبرد آزما ہیں ان کی لڑائی ہے۔ چنانچہ اس جنگ میں یورپ کے مستقبل کا فیصلہ ہو گیا۔ ان عالمگیر مسائل نے ادیبوں کو ادب سے باہر نکال کر دوسری چیزوں کی طرف متوجہ ہونے پر مجبور کر دیا۔ چنانچہ یورپ کے بہت سے ادیبوں نے اسپین جا کر جنگ میں حصہ لیا۔ ان حالات میں ادب میں نیا نظریہ پیدا ہوا۔ 7

اس نئے نظریئے کو نوجوان ادیبوں نے قبول کیا اور ہر طرح کے مضامین کو ادب میں پیش کرنے پر اصرار کیا کہ یا تو انہیں صحافت کے ذریعہ پیش کیا جائے یا کسی نئی صنف کے ذریعہ پیش کیا جائے چنانچہ اُس دور کے ادیبوں نے فوری توجہ طلب مسائل کو ادب میں پیش کرنے کیلئے جو صنف اختیار کی وہ رپورتاژ کے آغاز کا سبب بنی۔ مغرب کے انہی حالات کے دوران ہندوستان میں ترقی پسند تحریک کی بنیاد پڑی تھی۔ جبکہ ہندوستان کے چند ادیب انگلستان میں تعلیم حاصل کر رہے تھے۔ جن میں ملک راج آنند، جیوتی گھوش، سجاد ظہیر، محمود بن تاثیر اور پرمود سین گپتا وغیرہ تھے۔ یہ ادیب مغربی دنیا میں ادب میں ہونے والے نئے تجربوں سے متاثر ہوئے اور ہندوستان میں ترقی پسند تحریک کی بنیاد ڈالی گئی اور اپنے مقاصد کے حصول کیلئے مقصدی ادب تحریر کرنے پر زور دیا گیا۔ ترقی پسند تحریک کے زیر اثر اردو میں جو نئی صنف وجود میں آئی وہ رپورتاژ کہلائی۔ ہندوستان میں انجمن ترقی پسند مصنفین کی سالانہ کانفرنسوں، جلسوں اور میٹنگوں کی روداد کو افسانوی رنگ میں پیش کیا گیا اور عوام نے ان رودادوں کو دلچسپی کے ساتھ پڑھا جس سے بھی رپورتاژ نگاری کے فن کو ترقی ملی۔ ڈاکٹر قمر رئیس اردو میں رپورتاژ نگاری کے ابتدائی عوامل بیان کرتے ہوئے لکھتے ہیں کہ:

> ''اردو میں رپورتاژ کے ابتدائی نقوش 19 ویں صدی کے آخر ہی سے ملنے لگتے ہیں۔ جب ملک میں اصلاحی تحریکوں کے زیر اثر جلسوں کی گرم بازاری شروع ہوئی اور ان کی روداد اخباروں اور رسائل میں شائع ہونے لگی۔ میں صرف ایک مثال پر اکتفا کروں گا کہ 9رمئی بروز یکشنبہ 1887ء کو قیصر باغ لکھنو کی تاریخی عمارت میں انجمن دارالسلام کا جلسہ ہوا تھا۔ جس میں بقول عبدالحلیم شرر بیس' پچیس ہزار لوگ شریک ہوئے۔ شرر نے دل گداز کے 6 صفحات میں اس اجتماع کی روداد کا حال کے صیغے اور رواں تبصرے کے انداز میں لکھی۔ ۱۰

اردو میں رپورتاژ نگاری آغاز وارتقاء:۔ اردو میں ناول اور افسانہ کی طرح رپورتاژ نگاری بھی مغرب کے زیر اثر شروع ہوئی۔ 1857ء کے بعد ہندوستان میں جہاں بڑے پیمانے پر سیاسی وسماجی تبدیلی ہوئی وہیں چھاپہ خانوں کے قیام سے اخباروں کی اشاعت اور کتابوں کی اشاعت میں اضافہ ہوا۔ جنگ آزادی میں ناکامی' علی گڑھ تحریک کی طرح اور تحریکوں کے جلسوں کی روداد نگاری اور سفرناموں کی اشاعت یہ تمام رپورتاژ نگاری کی بنیاد ہیں۔ اقبال نے جب لندن کا سفر کیا تو اخبار وطن کے ایڈیٹرز کے نام دو خط تحریر کیے جن میں سمندر کی بدلتی حالت' مسافروں کا احوال اور بحری سفر کے شب وروز کو جس انداز میں پیش کیا وہ بعد میں رپورتاژ نگاری کی بنیاد بنی۔ لیکن اقبال کے یہ خطوط رپورتاژ نہیں کہلائے اور خط ہی رہے۔ لیکن ان کے ان خطوط کی طرز تحریر سے رپورتاژ نگاری کی تشکیل میں مدد ملی۔ اقبال کے ان خطوط کی طرح سجاد حیدر یلدرم کے دو سفرناموں ''سفر بغداد'' اور زیارت قاہرہ وقسطنطنیہ'' کو بھی رپورتاژ کے اولین نقوش قرار دیا گیا۔ ادب کے بعض حلقوں میں یلدرم کو اردو کا پہلا رپورتاژ نگار قرار دیا گیا۔ لیکن یہ درست نہیں۔ یلدرم کا یہ کارنامہ سفرنامہ ہے۔ رپورتاژ نہیں۔ رپورتاژ کے اپنے قاعدے اور اصول ہیں اور اُس کے لکھنے کا ایک انداز ہے۔

رپورتاژ میں واقعات اور کردار حقیقی ہوتے ہیں اس میں لایعنی باتوں کی گنجائش نہیں ہے۔ خیالی کرداروں کی جگہ نہیں ہوتی۔ منظر نگاری بھی واقعہ سے متعلق ہوتی ہے۔ کردار حقیقی ہوتے ہیں خیالی نہیں۔ رپورتاژ کیلئے سادہ اور واضح اسلوب اختیار کیا جاتا ہے۔ رپورتاژ کی ان خصوصیات کی روشنی میں یلدرم کے سفرناموں' سفرنامہ بغداد اور زیارت قاہرہ وقسطنطنیہ کو سفرنامہ ہی کہا جائے گا رپورتاژ نہیں ۔ بلکہ اُن میں داستان' ناول اور افسانہ کے عناصر پائے گئے۔ واقعات اور اسلوب بھی رپورتاژ سے میل نہیں کھاتے۔ اردو میں ترقی پسند تحریک آغاز کے زمانے میں رپورتاژ نگاری کی شعوری کوشش شروع ہوئی۔ ہندوستان میں ترقی پسند تحریک کے حالات بیان کرتے ہوئے۔ ڈاکٹر ایس ایم زیڈ گوہر لکھتے ہیں۔

> ''1935ء کے آغاز ہی سے عالمی سطح پر ادبی دنیا میں انقلابی فکر کے اظہار کی راہیں ہموار ہونے لگی تھیں۔ ایک طرف اقتصادی بحران سے پیدا ہونے والی سنگین صورتحال تھی۔ دوسری طرف ہٹلر اور اُس کی نازی پارٹی کی ڈکٹیٹر شپ کا طوفان تھا۔ فاشزم کے خلاف فرانس میں متحدہ محاذ کی تحریک شروع ہوچکی تھی۔ بعض اہم فرانسیسی ادیبوں کی کاوشوں سے پیرس میں جولائی 1935ء میں دنیا بھر کے ادیبوں اور دانشوروں کی علمی و ادبی کانفرنس ''ورلڈ کانفرنس آف رائٹرز فار دی ڈیفنس آف کلچر'' کے نام سے ہوئی۔ اس میں میکزم گورکی' رومن رولان' اندرے مالرو' والڈو فرینک جیسی اہم ادبی شخصیتوں نے شرکت کی۔ برطانیہ میں مصروف تعلیم وفود میں بعض ہندوستانی دانشوروں نے بھی پیرس کی اس عالمی کانفرنس میں شرکت کی۔ ان شرکاء میں سید سجاد ظہیر بھی شامل تھے۔ جنھوں نے بعد میں ہندوستان میں ترقی پسند ادبی تریک کے منظّم آغاز کیلئے کاوشیں کیں اور کامیاب

ہوئے۔ [11]

اردو کا پہلا رپورتاژ: اردو کے اولین رپورتاژ کے تعین میں اختلاف رہا ہے۔ کرشن چندر نے پودے کے عنوان سے رپورتاژ لکھا جو 1947ء میں شائع ہوا۔ اور محمد حسن عسکری، سید رفیق حسین اور پروفیسر ثریا حسین نے کرشن چندر کو اردو کا پہلا رپورتاژ نگار قرار دیا ہے۔ کرشن چندر نے 1945ء میں حیدرآباد میں منعقد ہونے والی ترقی پسند مصنفین کی کانفرنس کی روداد ''پودے'' کے نام سے لکھی۔ جب کہ اس سے قبل سجاد ظہیر نے ''یادیں'' کے عنوان سے 1940ء میں رپورتاژ لکھا تھا اور بعد میں اُسے ہی اردو کا پہلا رپورتاژ قرار دیا ہے۔ اس ضمن میں ڈاکٹر خلیل الرحمٰن اعظمی لکھتے ہیں۔

''سید سجاد ظہیر نے ادیبوں اور دانشوروں کی مذکورہ بالا عالمی کانفرنس کی چشم دید تفصیلات ''یادیں'' کے عنوان سے لکھیں اور یہی اردو کا پہلا فنی طور پر مکمل رپورتاژ قرار پاتا ہے۔ [12]

سجاد ظہیر کا رپورتاژ ''یادیں'' 1935ء کی عالمی یوم کانفرنس کے واقعات وحالات پر مشتمل ہے۔ اُس زمانہ میں روداد نگاری عام ہوگئی تھی۔ اور سجاد ظہیر ایک اچھے ناول نگار و افسانہ نگار بھی تھے۔ اس لئے انہوں نے 1935ء کی عالمی کانفرنس کے واقعات پر مبنی رپورتاژ ''یادیں'' لکھ دیا چونکہ انہوں نے یادیں کو رپورتاژ کے نام سے نہیں لکھا تھا۔ اس لئے اردو کے محققین کو رپورتاژ نگاری میں اُن کی اولیت قرار دینے میں وقت لگا۔ جبکہ کرشن چندر نے ''پودے'' کو رپورتاژ کے نام سے لکھا۔ لیکن جب رپورتاژ نگاری کے اصول طئے ہوگئے۔ تو سجاد ظہیر کا ''یادیں'' ان اصولوں کی روشنی میں رپورتاژ قرار پایا اور وہ ہی اردو کے پہلے رپورتاژ نگار قرار پائے۔ سجاد ظہیر اور کرشن چندر کے رپورتاژ فنی اعتبار سے پختہ تھے۔ اس لئے اردو کے نقادوں نے انہیں اہمیت دی۔ علی سردار جعفری، کرشن چندر اور سجاد ظہیر کے رپورتاژ کی اہمیت بیان کرتے ہوئے لکھتے ہیں کہ

''یہ صنف ادب رپورتاژ بالکل نئی ہے۔ لیکن بے انتہا اہم ہے۔ یہ صحافت اور افسانہ کی درمیانی کڑی ہے۔ اور اس

سے ہمارے ادب کو بے انتہا فائدہ پہنچ سکتا ہے۔ ترقی پسند تحریک کی نوعیت کو دیکھتے ہوئے میں یہ محسوس کرتا ہوں کہ رپورتاژ ہمارے مقاصد کیلئے بہت ضروری ہے۔ اس کے ذریعہ سے ہم بڑے بڑے کام لے سکتے ہیں۔ اردو میں اب تک جو اچھے رپورتاژ لکھے گئے ہے اُن میں خاص طور سے قابل ذکر سجاد ظہیر کا رپورتاژ ''یادیں''اور کرشن چندر کا'' پودے''ہیں''۔ ۱۳؎

اردو رپورتاژ نگاری کا ارتقاء: سجاد ظہیر اور کرشن چندر کے رپورتاژ کے بعد اردو میں رپورتاژ نگاری کا ایک سلسلہ شروع ہوگیا۔ اُسی زمانہ میں جبکہ تقسیم ہند کا سانحہ ہوا تھا۔ اور بڑے پیمانے پر فرقہ وارانہ فسادات ہوئے تھے۔ ان ہی واقعات کو موضوع بنا کر کئی رپورتاژ لکھے گئے۔ فسادات کے موضوع پر لکھے گئے رپورتاژوں میں فکر تونسوی کا ''چھٹا دریا''شفیق الرحمٰن کا 'دجلا سے فرات تک' جمنا داس اختر کا 'اور خدا دیکھتا رہا' تاجور سامری کا ''جب بندھن ٹوٹے''۔ ابراہیم جلیس کا ''دو ملک ایک کہانی''۔ عبداللہ ملک کا ''مستقبل ہمارا ہے'' اجمل اجملی کا ''ایک رات گذری ہے ایک صدی گذری ہے''۔ اہم رپورتاژ ہیں۔ فسادات کے موضوع کو ناول کے فارم میں لکھا گیا جو ناول بھی ہے اور رپورتاژ بھی۔ جیسے قدرت اللہ شہاب کا ''یا خدا'' اور رامانند ساگر کا ''اور انسان مرگیا'' انہیں رپورتاژی ناول بھی کہا جاسکتا ہے۔ فسادات کے موضوع پر شاہد احمد دہلوی کا رپورتاژ ''دہلی کی بپتا اور محمود ہاشمی'' کشمیر اُداس ہے'' کے واقعات وحقائق بھی۔ اسی سنگین اور تلخ صورتحال کو پیش کرتے ہیں۔ بعد میں جب بھی فسادات اور غیر یقینی حالات پیش آئے اُس وقت بھی رپورتاژ لکھے گئے۔ جیسے سید ظہیر حسن دہلوی کا رپورتاژ ''دل کی بپتا'' میں ایمرجنسی کے حالات پیش کئے گئے۔ اور منظر کاظمی کے رپورتاژ ''ہم جنگل کی طرف لوٹ رہے ہیں'' میں جمشید پور کے فسادات اور بند ایمبولینس میں 106 مظلوم انسانوں کے زندہ جلائے جانے کے عظیم سانحہ کو پیش کیا گیا۔

1940ء سے 1950ء تک 10 سال میں رپورتاژ نگاری نے اچھی ترقی کی اور اردو کے

علاوہ ہندی، بنگلہ اور تمل زبانوں میں بھی اچھے رپورتاژ لکھے گئے۔ اُس دور میں بعض سفرنامے بھی رپورتاژ کے انداز میں لکھے گئے۔ ان میں اشفاق احمد کا ''عرش منور''، شفیق الرحمٰن کا ''دودریا'' اور قدرت اللہ شہاب کا تو ابھی راہ گذر میں ہے'' مشہور ہوئے۔ اشفاق احمد نے اپنے رپورتاژ میں سرزمین اندلس کے سفر کے تجربہ بیان کیے۔ شفیق الرحمٰن نے قاہرہ کے سفر کو بیان کیا۔ جبکہ قدرت اللہ شہاب نے اپنے سفر یورپ کو پیش کیا۔ اس رپورتاژ میں مشرق ومغرب کا تضاد پیش کیا گیا۔ اس رپورتاژ کے دو کردار رشید مومن اور نزہیہ ہے۔ دونوں کے تضادات بھرے خیالات کو قدرت اللہ شہاب نے اسی انداز میں پیش کیا۔

> ''میں آج تک یہی سوچتا ہوں کہ اگر میں ساری عمر بھی خانہ کعبہ کا طواف کرتا رہوں تو شائد مجھے احساس کی وہ معراج نصیب نہ ہوگی۔ جو نزہیہ کے مقدر میں لکھی ہوئی ہے۔ نزہیہ جو ڈیڈو ائین پی کر بھی رشید مومن سے روٹھ جاتی ہے کیونکہ وہ حج کے متعلق بے سروپا باتیں کرتا ہے۔ نزہیہ جواب قرآن نہیں پڑھتی لیکن اپنی ماں کا تحفہ ہمیشہ اپنے ساتھ رکھتی ہے۔ نزہیہ جس کے نزدیک خدا کے گھر پر اُس کا صرف اتنا حق ہے کہ ایک جیسی فقط ایک بات اُس کا نام وہاں لے لے تو نزہیہ جو روضہ اقدس صلی اللہ علیہ وسلم کے ذکر پر اپنے اسکارف سے اپنا سر ڈھاپ لیتی ہے نزہیہ جو اپنا سلام وہاں پیش کرنے سے بُری طرح ہچکچاتی ہے۔ [۱۴]

شفیق الرحمٰن کا ''دودریا'' بھی ایک مشہور رپورتاژ ہے جس میں اُن کے ایشیاء اور یورپ کے سفر کے واقعات وحالات کو پیش کیا گیا۔ اس سفرنامہ میں تہذیبوں کو دریا کے طور پر پیش کیا گیا ہے۔ رپورتاژ کی منظر نگاری اہم ہے۔ ترقی پسند تحریک کے دور میں بہت سے رپورتاژ لکھے گئے۔ ذیل میں اُس دور کے اہم رپورتاژ اور ان کے مصنفین کے نام درج ہیں۔

رپورتاژ کا نام	رپورتاژ نگار کا نام

1۔ سفید اور سرخ ستارے کے درمیان	ابراہیم جلیس
2۔ سرخ زمین اور پانچ ستارے	خواجہ احمد عباس
3۔ الف لیلا کے دیس میں	ظفر پیامی
4۔ سفر ایران کے تاثرات	خواجہ احمد فاروقی
5۔ یادوں کے چمن	کلیم اللہ
6۔ ایک نامکمل سفر	سلطانہ حیات
7۔ کلانگ اور کنول	اصغر بٹ
8۔ جہلم کے اُس پار	عارف حجازی
9۔ پاکستان میں چند روز	ظ انصاری
10۔ کتابوں کی تلاش	ڈاکٹر گیان چند
11۔ ہیگ سے آگے	کنول نین پرواز
12۔ کچھ دن المانیا میں	صالحہ عابد حسین
13۔ برسبیل لندن	محمود نظامی
14۔ سیوٹا سے لندن تک	صمد
15۔ بادلوں کی رہگذر	محمد عزیز
16۔ خرامہ خرامہ ارم	طاہر احمد
17۔ بمبئی سے بھوپال تک	عصمت چغتائی
18۔ کارواں ہمارا	کوثر چاند پوری
19۔ سفر ارض غزل کا	کوثر چاند پوری
20۔ یہاں سے وہاں تک	عصمت چغتائی
21۔ یہاں سے وہاں تک	عارف حجازی
22۔ ناچ، گیت، پتھر	انوار عظیم
23۔ خواب خواب سفر	رام لعل

24۔ پاکستان کا سفر نامہ	محمد حسن
25۔ پشکن کے دیس میں	جگن ناتھ آزاد
26۔ میرے گذشتہ روز وشب	جگن ناتھ آزاد
27۔ امن کا کارواں	رضیہ سجاد ظہیر
28۔ جشن فرید	نثار لطیفی
29۔ دہلی سمپوزیم	شارب ردولوی
30۔ ایک ادبی شام باقر مہدی کے ساتھ	یعقوب واہی
31۔ شام فراق	انیس رفیع
32۔ سفر بے شراط	قاضی عبدالستار
33۔ ایک چادر میلی سے کٹہرے میں	انیس رفیع
34 اسلامی نوادر کی نمائش	عارف حجازی
35۔ ترقی پسند مصنفین کی کل ہند کانفرنس	اظہار اثر
36۔ بین الاقوامی فنی نمائش	انیس فاروقی

مندرجہ بالا فہرست سے اندازہ ہوتا ہے کہ اردو میں رپورتاژ نگاری ایک مقبول صنف رہی۔ جس کی مدد سے اہم ادبی اجلاسوں، کانفرنسوں، واقعات وحادثات کی روداد کو محفوظ کر لیا گیا اور اس صنف کے فروغ سے اردو نثر نگاری کو فروغ ملا۔ قرۃ العین حیدر کے رپورتاژ ستمبر کا چاند اور کوہ دماوند بھی مشہور ہوئے۔ ممتاز شیریں نے یورپی ممالک میں منعقدہ کانفرنسوں پر ایک رپورتاژ ''ادیبوں کی بین الاقوامی کانگریس'' لکھا۔ اس رپوتاژ میں تقریروں کے اقتباسات بھی دیئے گئے۔ حمید اختر نے بھی کامیاب رپورتاژ لکھے۔

اردو کے مقبول رپورتاژ: اردو میں جو رپورتاژ خاصے مقبول ہوئے۔ اُن میں فرحت اللہ بیگ کا رپورتاژ ''دہلی کا یادگار شاہی مشاعرہ'' کرشن چندر کا ''پودے'' شاہد احمد دہلوی کا ''دلی کی بپتا''، محمود ہاشمی کا ''کشمیر اُداس ہے''۔ قرۃ العین حیدر کا ''ستمبر کا چاند'' شامل ہے۔ مرزا فرحت اللہ بیگ اردو کے مشہور نثر نگار ہیں۔ انہوں نے 1857ء کی جنگ آزادی میں مسلمانوں کی

ناکامی اور مغلیہ سلطنت کے زوال کے پس منظر میں اپنا رپورتاژ ''دہلی کا یادگار شاہی مشاعرہ '' لکھا۔ یہ ایک خیالی مشاعرے کی روداد ہے اور اس میں 1846ء میں منعقد ہونے والے ایک خیالی مشاعرے کی روداد بیان کی گئی ہے۔ مرزا فرحت اللہ بیگ نے مولوی کریم الدین کو رپورتاژ میں واحد متکلم کے طور پر پیش کیا۔ اور انہی کی زبان سے اس مشاعرے کی مکمل روداد بیان ہوئی ہے۔ اس مشاعرے میں جن شعراء کو شریک بتایا گیا اُن میں استاد ذوق' مرزا غالب' مومن' مفتی صدر الدین وغیرہ شامل ہیں۔ فرحت اللہ بیگ نے بڑی فنکاری سے اس رپورتاژ میں شعراء کے حالات بیان کئے ہیں۔ مرزا غالب کے احوال بیان کرتے ہوئے مرزا فرحت اللہ بیگ لکھتے ہیں۔

''چاندنی چوک سے ہوتا ہوا بلی ماران میں آیا۔ حکیم محمود خان صاحب کے مکان کے سامنے قاسم جان کی گلی ہے۔ بائیں طرف پہلا ہی مکان ان کا تھا۔ یہ مکان مسجد کے پیچھے ہے۔ اس کے دروازے میں ایک مردانہ' دوسرا زنانہ' محلسرا کا ایک راستہ مردانہ مکان میں سے بھی ہے۔ باہر کے دروازے کی دہلیز دھنسی ہوئی سی ہے۔ دروازے کے اوپر ایک کمرہ ہے اور کمرہ کے دونوں پہلوؤں میں دو کھڑکیاں ہے۔ گرمی میں مرزا صاحب دوپہر کے وقت اسی ایک کوٹھری میں رہا کرتے تھے۔ دروازے سے گذر کر مختصر صحن ہے۔ اور سامنے ہی دالان در دالان' جب میں پہنچا تو اندر کے دالان میں گاؤ تکیے سے بیٹھے کچھ لکھ رہے تھے۔ مرزا نوشہ کی عمر کوئی 50 سال کی ہوگی۔ حسین اور خوش رو آدمی ہیں۔ قد راونچا اور ہاڑ بہت چوڑا چکلا' موٹا موٹا نقشہ اور سرخ سفید رنگ ہے لیکن اس میں کچھ کچھ زردی جھلکتی ہے۔ ایسے رنگ کو محاورے میں چمپئی کہا جاتا ہے۔ آگے دانت ٹوٹ گئے ہیں۔ داڑھی بھری ہوئی ہے۔ مگر گھنی نہیں ہے۔ سر منڈا ہوا۔ اس پر لمبی سیاہ پوستین کی

ٹوپی ہے جو کلاہ یا پاخ سے ملتی جلتی ہے ایک بار کا سفید پاجامہ‘
سفید ململ کا انگرکھا‘ اس پر ہلکے زرد زمین کی جامہ دار کا چغہ۔ ۱۵

فرحت اللہ بیگ نے اس رپورتاژ میں تخیلی ماحول اور واقعات کو ایسا پیش کیا کہ وہ حقیقت لگتے ہیں۔ اور جن شاعروں کو شریک محفل دکھایا گیا وہ سب رپورتاژ کے ذریعے زندہ دکھائی دیتے ہیں۔ تمام شعراء کے رہن سہن عادات واطوار اور ان کے ملبوسات اور مکانات وغیرہ کا ذکر حقیقی انداز میں کیا گیا۔ یہ رپورتاژ 4 ابواب پر مشتمل ہے۔ رپورتاژ میں کردار نگاری پر خصوصی توجہ دی گئی ہے۔ ڈاکٹر سیدہ جعفر‘ فرحت اللہ بیگ کی رپورتاژ نگاری پر تبصرہ کرتے ہوئے لکھتی ہیں کہ

”مشاعرے کی روداد دہلی کی آخری شمع ” دہلی کا یادگار شاہی مشاعرہ“ میں پیش کی گئی ہے۔ وہ تخیلی ضرور ہے لیکن اُس کے کردار اور چہرے اصلی اور حقیقی ہیں۔ اس واقعے کے بیان میں اصلی رنگ پیدا کر کے وقت کے فاصلوں کا طلسم توڑ دینا‘ مرزا فرحت اللہ بیگ جیسے انشاء پرداز ہی کا کام تھا۔ اردو ادب میں اتنا خوبصورت اور صدابہار تصویر خانہ بہت کم نظر سے گذرتا ہے۔ ۱۶

مرزا فرحت اللہ بیگ نے اس رپورتاژ میں ایک فرضی مشاعرے کے شرکاء کو پھر سے زندگی دی اور ان کی جیتی جاگتی تصویر اپنے مخصوص انداز بیان کے ساتھ پیش کی ہیں اور اسے ایک کامیاب رپورتاژ بنایا ہے۔ اس رپورتاژ میں کچھ فنی خامیاں ہے۔ اس کے باوجود وہ ایک اہم رپورتاژ مانا جاتا ہے۔

اردو کا ایک اور مشہور رپورتاژ ” دلی کی بپتا“ ہے۔ جسے شاہد احمد دہلوی نے لکھا ہے۔ اس رپورتاژ میں صوبہ پنجاب کی تقسیم کے بعد دہلی میں شرنارتھیوں کی آمد اور اس کے رد عمل میں ہونے والے فسادات کی منظر نگاری کی گئی ہے۔ یہ رپورتاژ پہلی مرتبہ رسالہ نیا دور کراچی کے فسادات نمبر مارچ 1949ء میں شائع ہوا۔ رپورتاژ میں دہلی کی تباہی کو جذباتی انداز میں پیش کیا گیا۔ چنانچہ ایس ایم زیڈ گوہر دہلی کے اچھے برے دنوں کے بارے میں لکھتے ہیں۔

''تہذیب وتمدن نے دہلی کو ایسی تقدیس بخشی کے احتراماً اسے حضرت دہلی کہا جانے لگا۔ یہ شہر حضرت امیر خسرو کیلئے جنت عدن ہو گیا۔ عصامی کیلئے اس کی خاک کبریت احمر بن گئی اور میر کو اس کے کوچے اوراق مصور معلوم ہوئے۔ حضرت دہلی کو 15 راگست 1947ء سے قبل بھی کئی بار بری طرح زخمی ہونا پڑا تھا۔ تیمور نے زخمی کیا تھا۔ نادر شاہ' احمد شاہ نے اور 1857ء نے زخمی کیا تھا۔ یہ سب بڑے بڑے زخم تھے۔ لیکن اُس کی تقدیس محفوظ رہی تھی۔ اس کا تمدن قائم رہا تھا۔ لیکن یہ کتنی تلخ حقیقت ہے کہ غیروں نے تو اسے صرف زخم ہی دئے اپنوں نے بھرے بازار اس کی آبروریزی کر ڈالی۔ اُس کی تقدیس چھینی پھر مشترکہ تہذیب قتل ہوئی' تمدن لٹ گیا اور جنت عدن ایسا اجڑا کہ دوبارہ اس کی اپنی رونق شائد ہی کبھی واپس لوٹ سکے اتنی مہنگی آزادی کم ہی ملکوں کو نصیب ہوئی ہوگی۔ ۱۷

رپورتاژ دہلی کی بپتا کے بارے میں ممتاز شیریں لکھتے ہیں کہ

''دلی کی بپتا میں دلی کی بربادی اور دلی کی 800 سالہ تہذیب کی موت کی درد انگیز تصویر کھینچنے میں شاہد احمد نے اپنی طرف سے اثر بڑھانے یا فنی انداز اختیار کرنے کی کہیں کوشش نہیں کی۔ جو چیز دلی کی بپتا کو اس قدر موثر بناتی ہے۔ وہ اس کی سادگی' سچائی اور بے پناہ خلوص و سچا درد ہے۔ جب نیا دور نے دل کی بپتا کو رپورتاژ کہا تو شاہد صاحب نے کہا مجھے نہیں معلوم یہ رپورتاژ ہے یا کچھ اور یہ بس سچی داستان ہے۔ ذاتی داستان ہونے کے باوجود اس میں کمال ضبط نظم اور توازن

ہے"۔ ۱۸

اس طرح اندازہ ہوتا ہے کہ اس دور میں بڑے حادثات اور واقعات کی جو روداد لکھی گئی وہ رپورتاژ کہلائی۔ محمود ہاشمی کا ایک رپورتاژ "کشمیر اداس ہے" ہے۔ اس رپورتاژ میں کشمیر کے سیاسی حالات کو موضوع بنایا گیا ہے۔ کشمیر میں مسلمان بڑی تعداد میں رہتے ہیں۔ لیکن آزادی سے قبل وہاں ایک ہندو مہاراجہ کی حکومت تھی۔ مسلمان پاکستان میں کشمیر کو شامل کرانا چاہتے تھے۔ جبکہ مہاراجہ نے اپنی مرضی کرتے ہوئے کشمیر کو ہندوستان میں داخل کرادیا۔ کشمیر کے نام پر ہندو پاکستان کی جنگ ہوئی اور کشمیر آدھا آدھا ہو گیا۔ یہی واقعات اس رپورتاژ کی بنیاد ہیں۔ اس جانب اشارہ کرتے ہوئے ڈاکٹر ایس ایم زیڈ گوہر لکھتے ہیں۔

> "سری نگر تاریکی کی لپیٹ میں تھا اور روشنی عوام کے ہاتھوں میں تھی۔ کشمیر کے عوام اپنی صدیوں کی غلامی اور حکومت کی ناانصافیوں سے اکتائے ہوئے بیزار و برہم آزادی کی مشعل لئے مسلسل آگے بڑھ رہے تھے۔ وہ بیک وقت دو مخالف قوتوں سے برسرِ پیکار تھے۔ ایک طرف راجہ کی روایتی حاکمیت سامنے تھی دوسری طرف خود غرضی اور مفاد پرستی' سیاسی لیڈروں کی سودے بازی سے ان کا مقابلہ تھا۔ کشمیری عوام آگ اور خون کے دریا سے گذر کر منزل مقصد تک پہونچنے کا عزم مصمم کر چکے تھے۔ محمود ہاشمی نے اس رپورتاژ میں ایک خاص دور کے کشمیر کے صحیح واقعات کو سچے محسوسات سے ہم آہنگ کر کے پیش کیا ہے۔ ۱۹

قرۃ العین حیدر اردو کی مشہور ناول نگار اور افسانہ نگار تھیں۔ انہوں نے چند ایک اچھے رپورتاژ بھی لکھے۔ انہیں تاریخ سے دلچسپی تھی۔ اور اپنی تحریروں میں اکثر انہوں نے تاریخی حوالے دیئے ہیں۔ چنانچہ ان کا ایک رپورتاژ "ستمبر کا چاند" پہلی مرتبہ رسالہ نقوش لاہور دس سالہ نمبر میں چھپا اس رپورتاژ میں قرۃ العین حیدر نے مغربی و مشرقی دنیا کے ممالک جاپان' آسٹریلیا' برازیل'

لبنان، بلغاریہ،ہندوستان، پاکستان، انگلینڈ، امریکہ وغیرہ ممالک کے معاشرتی حالات، تہذیبی روایات اور ادبی میلانات پر روشنی ڈالی ہے۔ایک مبصر کی طرح قرۃ العین حیدر اپنے مشاہدات کو بیان کرتی جاتی ہیں۔اس رپورتاژ پر تبصرہ کرتے ہوئے ایس ایم زیڈ گوہر لکھتے ہیں۔

''ستمبر کا چاند کے واقعات ایک عالمی ادبی اور سماجی تقریب سے ماخوذ ہیں۔اس کے واقعوں میں خارجیت ہے اور جا بجا آورد کا زور پایا جاتا ہے۔تحریری زور اور اسلوبی دبدبہ تو واضح ہے۔قدرتی مناظر کی عکاسی اور سماجی ماحول کی آئینہ سامانی کی بھی کمی نہیں ہے۔لیکن جذبہ و احساس کی لطافتیں برائے نام نظر آتی ہیں۔ رپورتاژ نگار نے اپنی شخصیت کو نمایاں رکھنے میں کوئی کسر اٹھا نہیں رکھی۔[۲۰]

اردو کے ان رپورتاژوں سے انداز ہوتا ہے کہ اکثر و بیشتر رپورتاژ زندگی کی جدوجہد کو بیان کرتے ہیں اور اپنے اندر ایک عہد تاریخ لئے ہوئے ہیں۔ان رپورتاژوں کی تہذیبی وسماجی اہمیت بھی ہے۔ایک بدلتے نظام کی عکاسی بھی ہے اور زندگی کے حقائق کا بیان بھی ہے۔کرشن چندر کے رپورتاژ ''پودے'' میں ترقی پسندوں کی کانفرنس کا حال بیان کیا گیا ہے۔عادل رشید کے رپورتاژ ''خزاں کے پھول'' میں احمد آباد کے انقلابی مزدوروں کی سامراج وادی طاقتوں کے خلاف مسلسل جدوجہد کی کہانی پیش کی گئی ہے۔ ہندوستان کی آزادی تقسیم ہند،ہجرت اور فسادات یہ تمام واقعات ایسے تھے جنہیں ہندوستانی ادیبوں نے رپورتاژ کے ذریعہ پیش کیا۔ابراہیم جلیس کا رپوتاژ ''دو ملک ایک کہانی'' بھی تقسیم کے فسادات کو پیش کرتا ہے۔ بعد کے دور میں رپورتاژ نگاری میں زمانہ کے بدلتے حالات کے تحت تبدیلی آئی اور سنجیدہ موضوعات پر بھی رپورتاژ لکھے گئے۔ ندا فاضلی کا رپورتاژ ''بمبئی سے اودے پور تک'' ''اس رات کی بات'' ''جشن شاعر، حمید سہروردی کا رپورتاژ افسانہ کی بات اور احمد ندیم قاسمی کا رپورتاژ 'مہر بہ لب' کسی مشاعرے کی شام افسانہ کسی ادبی نشست' کسی کانفرنس کے بیان پر مبنی ہے۔ان رپورتاژوں میں سفرنامہ کے اجزاء بھی شامل ہوگئے۔ بعد میں یہ سلسلہ چلتا رہا۔اردو کے اکثر ادیبوں نے سفر کی روداد لکھی اور اُسے

رپورتاژ کے نام سے شائع کیا۔فکرتونسوی کا رپورتاژ چھٹا دریا بھی‘ غم کی داستان ہے۔

مجیتی حسین کے رپورتاژ ایک پلیٹ تخلص بھوپالی اور جانا ہمارا کٹک اور پانا خطاب ہاسیہ رتن کا‘‘ میں مزاح کو شامل کیا گیا۔لیکن اس پر رپورٹ کا اثر غالب آ گیا۔درمیان میں چند ایک اچھے رپورتاژ لکھے گئے۔

اردو رپورتاژ نگاری کا مستقبل: اردو میں بلاشبہ کامیاب رپورتاژ لکھے گئے ہیں اور آج بھی لکھے جا رہے ہیں۔لیکن اس صنف کو جیسی مقبولیت ملنی تھی ویسی مل نہ سکی۔اور رپورتاژ نگاری کا سفر جس رفتار سے جاری رہنا چاہیئے ویسا نہیں رہا۔رپورتاژ کے غیر یقینی مستقبل کے بارے میں ڈاکٹر طلعت گل لکھتی ہیں۔

> درمیانی وقفہ خاموشی اور جمود کا ہے۔اچھے اور فنی معیار کو چھونے والے رپورتاژ گاہے بگاہے ہی منظر عام پر آئے۔رپورتاژ نگاری پر اس قدر کم توجہ دیئے جانے کا سبب کیا ہے۔آج بھی افسانہ اور ناول کے مقابلے رپورتاژ ڈھونڈے نہیں ملتے یا کوئی ایسا مصنف نہیں جس نے اپنی شناخت اردو ادب میں صرف رپورتاژ نگار کی حیثیت سے بنائی ہو۔ایسا صرف اس لئے ہے کہ حقیقت کُلی دیکھنا برداشت کرنا‘ لکھنا اور پڑھنے والے کا اس پر یقین بھی کرنا تمام مراحل بیحد دشوار گذار ہیں۔حقیقت نما چہروں کو کہانی کے پیکر میں ڈھال کر احساس لذتیت اور الفاظ کے مبالغہ آمیز استعمال کے ساتھ تو منصف بھی سب لکھنے اور قاری بھی کچھ پڑھنے کو تیار ہے۔مگر زندگی کی کڑوی حقیقوں سے آنکھ ملا کر کوئی نہیں چلنا چاہتا۔فی زمانہ راہ فرار کا اس سے بہتر طریقہ اور کوئی نہیں کہ دو چار نئی علامتیں‘ دو چار پرانی علامتیں یکجا کیں اور بے معنی سا ناول یا افسانہ لکھ ڈالا۔رپورتاژ جیسی مشکل اور توجہ طلب صنف ادب

تحریر کرنا بچوں کا کھیل نہیں ہے۔ جس تناسب سے ہمیں اردو ادب میں 1930ء کے آس پاس سے لے کر 1990ء تک افسانہ اور ناول دستیاب ہوتے ہیں اس تناسب سے رپورتاژ نہیں ملتے۔ اس میں کچھ قصور ہماری روایت پرستی کا بھی ہے اور کچھ بدلتی ہوئی اقدار کا بھی۔ ۲۱

رپورتاژ نگاری کے علاوہ دیگر اصناف میں بھی ایک قسم کا جمود ہے۔ صرف شاعری کو چھوڑ کر وہ بھی مسائلی اور نعرے بازی کی شاعری کے اردو کی مقبول اصناف ناول' افسانہ' ڈرامہ' غزل' نظم وغیرہ میں جمود کی کیفیت ہے۔ اور کوئی تخلیق مشہور نہیں ہوتی کیونکہ لوگوں کے رویے اور مزاج بدل گئے ہیں اور ادب کو میڈیا کا سامنا ہے۔ لوگوں کی ترجیحات بدل گئی ہیں۔ ایسے میں کوئی بڑا فنکار ہی اپنی شاہکار ادبی تخلیق کے ذریعہ لوگوں کو اپنی جانب متوجہ کرسکتا ہے۔ اگر اردو کے ادیب رپورتاژ نگاری پر توجہ دیں تو آج بھی اچھے رپورتاژ لکھے جاسکتے ہیں۔

حواشی

۱۔ سید احتشام حسین۔ عکس اور آئینے۔ ص ۴۷

۲۔ ایس ایم زیڈ گوہر۔ اردو میں رپوتاژ نگاری فن اور ارتقاء۔ ص ۱۸

۳۔ ڈاکٹر سید عبداللہ۔ اطراف غالب میں۔ ۲۵۸

۴۔ احتشام حسین۔ جب بندھن ٹوٹے۔ تاجور ساحری تعارف۔ ص ۵

۵۔ بحوالہ۔ اردو میں رپورتاژ نگاری فن اور ارتقاء۔ ص ۳۸

۶۔ سید رفیق حسین۔ سید سجاد حیدر ایلوارم۔ ص ۱۸۱

۷۔ ڈاکٹر ایس ایم زیڈ گوہر۔ اردو میں رپورتاژ نگاری فن اور ارتقاء۔ ص ۵۴۔۵۳

۸۔ ڈاکٹر ایس ایم زیڈ گوہر۔ اردو میں رپورتاژ نگاری فن اور ارتقاء۔ ص ۱۳۴

۹۔ محمد حسن عسکری۔ ماہنامہ ماہ نو کراچی اگست ۱۹۵۶ء۔ ص ۶۰

۱۰۔ قمر رئیس۔ اردو میں رپوتاژ نگاری۔ از عبدالعزیز۔ ص ۸

۱۱۔ ایس ایم زیڈ گوہر۔ اردو میں رپورتاژ نگاری فن اور ارتقاء۔ ص ۶۱

۱۲۔ ڈاکٹر خلیل الرحمٰن اعظمی۔ اردو میں ترقی پسند ادبی تحریک۔ ص ۲۸۰۔

۱۳۔ علی سردار جعفری۔ پیش لفظ۔ خزاں کے پھول۔ از عادل رشید۔ ص ۱۱

۱۴۔ بہ حوالہ۔ سہ ماہی سویرا لاہور۔ شمارہ ۱۲، ۲۰، ۱۹۔ ص ۴۸۸

۱۵۔ مرزا فرحت اللہ بیگ۔ دہلی کا یادگار مشاعرہ۔ ص ۲۹۔

۱۶۔ ڈاکٹر سیدہ جعفر۔ تنقید اور انداز نظر۔ ص ۴۷

۱۷۔ ایس ایم زیڈ گوہر۔ اردو میں رپورتاژ نگاری۔ فن اور ارتقاء۔ ص ۹۸

۱۸۔ ممتاز شیریں۔ رسالہ نیا دور کراچی۔ شمارہ ۱۹۵۰۔ ص ۷۰۔

۱۹۔ ایس ایم زیڈ گوہر۔ اردو میں رپورتاژ نگاری فن اور ارتقاء۔ ص ۱۱۲

۲۰۔ ایس ایم زیڈ گوہر۔ اردو میں رپورتاژ نگاری فن اور ارتقاء۔ ص ۱۲۵۔

۲۱۔ طلعت گل۔ اردو میں رپورتاژ تاریخ و تنقید۔ ص ۲۶۳۔

☆ تیسرا باب

رپورتاژ "پودے" کا تنقیدی جائزہ

اردو کے مشہور افسانہ نگار و ناول نگار کرشن چندر نے رپورتاژ نگاری کے میدان میں بھی اپنے قلم کے جوہر دکھائے۔ وہ ادب کی تاریخ میں ایک زود نویس کے طور پر جانے جاتے ہیں۔ لیکن انہوں نے جو کچھ لکھا وہ مقدار کے علاوہ معیار میں بھی کچھ کم نہیں ہے۔ کرشن چندر ترقی پسند تحریک سے وابستہ تھے۔ اور اس تحریک کی سرگرمیوں کا ذکر اپنی تخلیقات میں کرتے رہے۔ جیسا کہ کہا گیا کہ ترقی پسند تحریک نے اردو میں رپورتاژ نگاری اور روداد نگاری کے فن کو فروغ دیا۔ اسی کا اثر تھا کہ انہوں نے 1945ء میں حیدرآباد میں منعقد ہونے والی ترقی پسند مصنفین کی کانفرنس کی روداد پر مبنی ایک رپورتاژ لکھا۔ ان کا تحریر کردہ رپورتاژ "پودے" کے عنوان سے 1964ء میں دیپک پبلشر جالندھر سے شائع ہوا۔ 144 صفحات پر مشتمل اس رپورتاژ میں حیدرآباد میں منعقد کل ہند ترقی پسند مصنفین کانفرنس کی روداد ہے۔

رپورتاژ پودے پر سجاد ظہیر کا خطبہ: رپورتاژ "پودے" کا آغاز سجاد ظہیر کے خطبہ صدارت سے ہوتا ہے۔ جس میں سجاد ظہیر نے حیدرآباد میں منعقد ہونے والی اس کانفرنس کی اہمیت بیان کی ہے۔ دوسری جنگ عظیم کے بعد دنیا میں جو تبدیلیاں ہوئیں اُن کے اثرات ہندوستان کی تہذیبی و سماجی زندگی پر بھی پڑے۔ جس کا ذکر سجاد ظہیر نے اپنے خطبہ میں کیا۔ ہندوستان میں ترقی پسند تحریک نے اپنا اثر چھوڑا۔ سجاد ظہیر بھی مشہور ترقی پسند قلم کار تھے۔ چنانچہ وہ اپنے خطبہ میں دوسری جنگ عظیم کے بعد کے حالات کا تجزیہ کرتے ہوئے لکھتے ہیں کہ

"پہلی جنگ عظیم اور دوسری جنگ عظیم کے نتائج میں جو نمایاں فرق مجھے معلوم ہوتا ہے وہ یہ ہے کہ اس جنگ کے

خاتمہ پر ہم اپنے جمہوری مقاصد کے قریب آ گئے ہیں۔
پورے ایشیاء میں آزادی کی روح غزل خواں نظر آتی ہے۔
ایشیاء اور روس کے ادیبوں کے افکار میں بادہ آہنگ کی گونج
سنائی دیتی ہے۔ جب قوم آزاد ہو جاتی ہے تب اُس کے
تہذیبی افق سے غلامی کے بادل چھٹ جاتے ہیں۔ اب
ہمیں بھی اپنے سوئے ہوئے مرغ زاروں کو جگانا ہے۔ اُس
کی خواب ناک وادیوں کو گونجانا ہے۔ اپنے خزاں رسیدہ چمن
میں اس بہار کو تازہ کرنا ہے۔ جس کی کلیاں ہمارے دلوں میں
پھوٹ رہی ہیں اور جس کی سنگیت ہماری روحوں میں نغمہ سنج
ہے"۔ [1]

سجاد ظہیر نے دنیا کے ادبی افق کا جو منظر نامہ کھینچا ہے اس کے اثرات ہندوستان میں اردو ادب پر بھی واضح طور پر دکھائی دئے اور اردو افسانہ، ناول اور تنقید کے ذریعہ ادیبوں نے ترقی پسند نظریات پیش کئے اور اشتراکیت کے نظریات کو اپنی تحریروں میں پیش کیا۔ سجاد ظہیر ہندوستان میں ترقی پسند مصنفین کو درپیش مسائل کا ذکر کرتے ہوئے اپنے خطبہ آخر میں کہتے ہیں کہ

"ترقی پسند تحریک کیلئے سب سے زیادہ تشویشناک امر یہ
ہے کہ پڑھے لکھے درمیانی طبقہ میں فرقہ پرستی کا زہر تیزی
سے پھیل رہا ہے اور بہت سے وہ لوگ بھی جو اپنے آپ کو
آزادی خواہ سمجھتے ہیں انگریزوں سے پہلے اپنے ہم وطنوں
سے لڑنا زیادہ ضروری سمجھتے ہیں۔ سیاسی حقیقت بینی کے
فقدان کے ساتھ ساتھ معمولی انسانیت اور معمولی شرافت
تک کو بھلا دینا ان لوگوں میں عام ہوتا جا رہا ہے۔ ظاہر ہے
کہ اس فضاء میں جہاں انسانیت کی بنیادی قدروں اور
ابتدائی مصروفیات کو پیروں سے کچلا جائے۔ ترقی پسند

ادیبوں کا کام بہت دشوار ہو جائے گا اور انہیں کافی مشکلوں کا سامنا کرنا پڑے گا۔ لیکن سستی مقبولیت کیلئے ہم نے کبھی اپنے اصولوں کو ترک نہیں کیا۔ آج تو اس کی اور ضرورت ہے کہ مسلمان اور ہندو فرقہ پرستی کے اس طوفان میں ہم انسانیت کے اس ہمہ گیر نسب العین کو جو مذہبی فرقہ پرستی کی تعریف کو بیکار اور نقصان دہ سمجھ کر عالم گیر انسانیت کی برادری اور مساوات ہر قوم کی آزادی اور اشتراکیت کے اصول کو اپنانا ہے۔ جو ملک کی خانہ جنگی انگریز سامراجیوں اور ہندوستانی سرمایہ داروں اور جاگیرداروں کی ایک نجس سازش تصور کرتا ہے۔ میری رائے میں اس وقت ہندوستانی ادیبوں سے ترقی پسندی کا یہی سب سے اہم تقاضہ ہے۔ جو شخص بھی ''پودے'' پڑھے گا وہ ہم سے اس کی توقع کرے گا۔ اور مجھے تو اس کا یقین ہے کہ جیسے اور بہت سے مراحل ترقی پسند تحریک نے طئے کئے اسی طرح اور مواقع پر بھی ان کا قلم اور ان کی زبانیں حرکت میں آئیں گی۔ یہی ترقی پسند کام کے ارتقاء کی ضمانت ہے۔ [۲]

اس طرح سجاد ظہیر نے اپنے خطبہ میں ترقی پسند مصنفین کو ان کی ذمہ داری یاد دلائی کہ موجودہ حالات میں اردو کے ادیبوں کی ذمہ داری کیا ہے۔ اور ہندوستان کی جدوجہد آزادی کے ساتھ ساتھ ہندو مسلم اتحاد اور ہندوستانیوں کے سیاسی، سماجی و معاشی مسائل پر ادیب کس طرح اپنا قلم چلائیں۔ اور سماج کیلئے اُن کی ذمہ داری کو مکمل کرے۔

کرشن چندر کا پیش لفظ: رپورتاژ ''پودے'' میں سجاد ظہیر کے خطبہ صدارت کے بعد کرشن چندر کا پیش لفظ شامل ہے۔ 20 صفحات پر مشتمل اس پیش لفظ میں کرشن چندر نے ہندوستان میں ترقی پسندوں کے ماضی، حال اور مستقبل کی تصویر پیش کی ہے۔

کرشن چندر نے ''پودے'' کا پیش لفظ ہی بڑے جذباتی انداز میں شروع کیا ہے اور ایک افسانوی انداز اختیار کرتے ہوئے ترقی پسند تحریک کے عروج کے بارے میں لکھتے ہیں کہ۔

''کیسی سخت ہوگی وہ زمین جہاں دس سال کی مسلسل عرق ریزی کے بعد پودے اُگے اور کیسا سخت جان وہ بیج جس نے 10 سال تک مٹی' دھول اور کیچڑ میں لت پت ہونے کے باوجود ارتقاء کی طاقت ضائع نہ ہونے دی یہاں تک کہ اس کا سینہ چاک ہوا۔ اور اُسی میں سے نئی زندگی کی نرم و نازک و ریشمی سب کونپلیں پھوٹ پڑیں۔ ترقی پسند کا لفظ کس قدر سپاٹ' کتنا شاعرانہ' کتنا ٹھنڈا ہے۔ اور اس مفہوم کیلیئے کتنا ناموزوں جو اس سے وابستہ ہوگیا ہے۔ مگر اس دس سال میں وہ تصور وہ لفظ اس لفظ سے وابستہ ہے۔ ایک انجمن اور انجمن ایک تحریک کی شکل آخر کیسے اور کیوں اختیار کر گئے۔ ۳

کرشن چندر نے اپنے رپورتاژ'' پودے'' کا نام ترقی پسند تحریک کے اس پودے کی مناسبت سے رکھا جو 1936ء میں نمودار ہوا تھا اور 1945ء میں 10 سال بعد حیدر آباد کی کانفرنس کے موقع پر ایک تناور درخت کی شکل اختیار کر گیا تھا۔ پیش لفظ میں آگے کرشن چندر نے ترقی پسند تحریک کے آغاز کے موقع پر تحریک کے منشور کو عام کیئے جانے کا منظر پیش کیا۔ جبکہ سجاد ظہیر اور ان کے رفقاء نے لندن سے ترقی پسند تحریک کا منشور تیار کیا تھا۔ ہندوستان میں اس تحریک کے ابتدائی خدوخال بیان کرتے ہوئے کرشن چندر لکھتے ہیں کہ

''مجھے وہ دن اچھی طرح یاد ہے جب دو تین نوجوان ایک اعلان نامہ کا مسودہ لئے ادھر ادھر دوڑتے پھرتے تھے۔ پریم چند' جوش اور عبدالحق نے دستخط کئے تو ہم سمجھے کہ بہت بڑی کامیابی ہوئی۔ اس کے بعد جب لکھنو میں ہماری پہلی کانفرنس ہوئی تو ہم نے بڑی مشکل سے دو ڈھائی سو روپے

جمع کیئے تھے۔ رات بھر سارے شہر کی دیواروں پر کانفرنس
کے اشتہار چسپاں کیئے تھے اور تھکے ہارے کانفرنس کے ہال
میں صبح سویرے سے ہی پہنچ گئے تھے۔ ۴؎

کرشن چندر نے ترقی پسند تحریک کے ابتدائی زمانے کا حال ایک مصور کی طرح ہمارے سامنے پیش کیا اوران کے خیالات پڑھنے سے قاری کے ذہن میں اس دور کی تصویر واضح ہوجاتی ہے۔ کرشن چندر اپنے پیش لفظ میں آگے تحریک کے دس برس کی تکمیل کے عہد کا حال بیان کرتے ہوئے حالات کا تجزیہ کرتے ہیں اور ترقی پسندی کے مقاصد بیان کرتے ہوئے لکھتے ہیں کہ

''ترقی پسند ہونا' اپنی سمجھ اور شعور کو ترقی پسند بنانا اور اپنے
کردار میں ترقی پسندی پیدا کرنا' یعنی اپنی ذات کو بدلنا اور
برابر بدلتے رہنا تاکہ ہم ایک ترقی پسند انسان بن سکیں یہ عمل
زیادہ اہم' زیادہ ضروری اور زیادہ مشکل ہے اور بغیر ترقی پسند
انسان بنے ہوئے کسی کا ترقی پسند مصنف ہونا بہت دشوار ہے
اور میں کہوں گا کہ ناممکن ہے''۔ ۵؎

کرشن چندر نے ترقی پسند تحریک کو ایک پودے سے تشبیہ دی اور حیدرآباد کی کانفرنس کے موقع پر اس اُمید کا اظہار کیا کہ ترقی پسندی کا یہ پودا اب ایک تناور درخت بن جائے چنانچہ حیدرآباد کی کانفرنس کے موقع پر اپنی امیدوں کا اظہار کرتے ہوئے کرشن چندر لکھتے ہیں کہ:

''میرا خیال ہے کہ یہ کانفرنس ہماری تحریک کے ایک
نئے دور کا آغاز کرتی ہے۔ ادبی تخلیق کے ابتدائی مراحل سے
گذرنے کیلیئے ہم نے 9'10 سال لگائے ہماری تحریک نے
جڑ پکڑلی ہے۔ اب ہمارے سامنے سوال یہ ہے کہ یہ پودے
بڑھ کر مضبوط اور تناور پیڑ بنیں پھلیں اور پھولیں۔ اگر ہم میں
کوئی شخص ایسا ہے جو یہ سمجھتا ہے کہ اس نئے دور میں ہمارا کام
پہلے کے مقابل میں سہل ہے تو وہ سخت غلطی کر رہا ہے۔ اس

لئے کہ وہ بنیادی مسائل جن کا ہم نے دس سال پہلے اپنے
اعلان نامہ میں ذکر کیا تھا۔ اگر انقلاب کی قوتوں کے زیادہ
مضبوط ہونے کے باعث حل ہونے کے زیادہ قریب ہے۔ تو
ساتھ ہی ساتھ انقلابی بحران میں گرفتار توانا اور شاداب فضاء
میں سانس لے سکے۔ ۶

کرشن چندر نے اس پیش لفظ میں ادب' ادیب اور سماج سے متعلق بعض نظریاتی گفتگو بھی پیش کی ہے۔ ادب کی اقتدار کا ذکر کرتے ہوئے فلسفیانہ انداز میں کرشن چندر لکھتے ہیں کہ

''میں صرف ایک ابدی قدر سے واقف ہوں اور وہ
ہے تغیر ارتقاء انسان کی سماجی زندگی میں تغیر مجھے اس کے
ارتقاء کی ایک لازمی قدر معلوم ہوتی ہے۔ اور یہی ایک دوامی
قدر ایسی ہے جس کا وجود میں تسلیم کر سکتا ہوں۔ باقی جتنی بھی
قدریں ہیں وہ انسان کے حواس خمسہ اور اُس کے احساسات
کے دائرے میں رہ کر بدلتی رہتی ہے اور اس لئے دوامی نہیں
اضافی' وقتی اور ہنگامی ہیں۔'' ۷

کرشن چندر ادب سے متعلق اپنی بحث کو اس پیش لفظ میں جاری رکھتے ہوئے عشق فلسفہ کی مثال پیش کرتے ہیں۔ وہ عشق کو ایک دوامی قدر تصور نہیں کرتے۔ اور زمانے کے بدلنے کے ساتھ عشق کے پیمانوں میں تبدیلی کا ذکر کرتے ہیں۔ وہ عشق کو معاشیات سے جوڑتے ہوئے لکھتے ہیں کہ معاشی حالات سازگار ہوں تو عشق زندہ رہتا ہے ورنہ مر جاتا ہے۔ کرشن چندر عشق کے فلسفہ کو ادب سے جوڑتے ہوئے لکھتے ہیں کہ جس طرح زندگی میں ہر عورت اور مرد لیلیٰ مجنوں نہیں ہوتے اُسی طرح ادب کی ہر داستان لیلہ مجنوں کی داستان نہیں بن سکتی۔ کرشن چندر کا یہ نظریہ واضح کرتا ہے کہ ہر ادیب مشہور نہیں ہوتا اور نہ ہی ہر کوئی یا ادبی تخلیق کو شہرت ملتی ہے صرف کلاسیکی ادب کو ہی شہرت دوام ملتی ہے۔ کرشن چندر اپنے پیش لفظ میں قومی و بین الاقوامی حالات کا جائزہ لیتے ہیں۔ چنانچہ وہ امریکہ کی جانب سے جاپان کے دو شہروں ہیروشیما اور ناگاساکی پر

گرائے جانے والے نیوکلیر بموں اور اس کے مضر اثرات کا تجزیہ کرتے ہیں اور اس خوف کا اظہار کرتے ہیں کہ آنے والی جنگ سے کہیں انسانیت کا ہی خاتمہ نا ہو جائے۔ انسانیت کو درپیش خطرات کو محسوس کرتے ہوئے کرشن چندر ادیب کی ذمہ داری کو یاد دلاتے ہیں اور اس امید کا اظہار کرتے ہیں کہ ترقی پسند ادیب دنیا کو جنگ کے خطرات سے بچانے کی کوشش کریں۔ پودے کے پیش لفظ کے آخر میں کرشن چندر اردو زبان اور ادب کے امکانات کا جائزہ لیتے ہوئے لکھتے ہیں کہ:

> ''ترقی پسند اغراض و مقاصد کی اشاعت کیلئے جہاں ہمیں اپنی زبان کے دائرہ عمل کو وسعت دینا ہے وہاں ہمیں اپنے ادب کے ان پہلوؤں پر بھی غور کرنا ہے جس پر ابھی کوئی کام نہیں ہوا۔ جو ابھی ہماری کوتاہیوں کے پیش نظر تشنہ تکمیل ہے۔ جدلیاتی تاریخ، سائنس، فلسفہ، معاشیات، سیاست ان تمام امور پر عملی کتابوں کی شدید ضرورت ہے۔ ترقی پسندی کی اس بنیادی مشق کی طرف ابھی تک ہم نے کوئی کام نہیں کیا۔ مزدوروں اور کسانوں تک پہنچنے کیلئے بھی ابھی بہت کام کی ضرورت ہے۔ سستی کتابوں کی ضرورت ہے اور آسان سلیس زبان میں لکھنے کی ضرورت ہے۔ اور اس نقطہ نگاہ کی ضرورت ہے جو مزدوروں اور کسانوں کی ضرورت کو پورا کر سکے۔ اور انہیں زندگی کے مسائل سے آگاہ کر سکے۔ وہاں ان کیلئے ایک صحت مند نشاط کا سامان بھی مہیا کر سکے۔ ہمارا ادب اور ہماری ادبی کاوشیں اس لحاظ سے بڑی حد تک برآمد اور مشکل نہیں ہیں۔ ہمارے ترقی پسند ادب کے مواد کا بیشتر حصہ اور اس کا ضمیر متوسط طبقے سے اٹھایا گیا ہے۔ اور یہی طبقہ ہماری توجہ کا مرکز ہے۔ ایک حد تک موجودہ صورتحال

میں یہ ناگزیر بھی ہے لیکن اب ہمیں اس معیار کوتوڑنے کی کوشش بھی کرنا چاہئے۔ اپنی آواز کو مزدوروں اور کسانوں اور کسانوں کا ترجمان بنانا چاہئے۔ اس مقصد کے حصول کیلئے اگر ہمیں عام فہم بننا پڑے صحافت کا سہارا لینا پڑے اپنے ادبی معیار کو کم کرنا پڑے تو بھی میں اسے اپنے اغراض و مقاصد کے پیش نظر اُسے جائز سمجھونگا اس لئے کہ ادب کا منبع اور سرچشمہ عوام ہے۔ اسی سرچشمہ سے ہم لوگ سیراب ہوئے ہیں۔ یہی سرچشمہ ہمیں قوت بخشتا ہے۔ اور حیات عطا کرتا ہے۔ اور اگر ہم نے یہ دستور اور سرچشمہ میں سے اپنا منہ موڑے رکھا اور اُسے قابل اعتناء نہ رکھا تو ہمارا ادب سوکھ جائے گا۔ اور اُس کی جیتی جاگتی بہاروں میں خزاں آجائے گی اور وہ مقصد جسے ہم لے کر اٹھے ہیں کبھی پورا نہ ہوگا۔ ؀۸

اس طرح کرشن چندر نے ''پودے'' کے پیش لفظ میں ترقی پسند ادب کو ایک ایسے پودے سے تشبیہ دی ہے جو پھل پھول کر بڑا ہوگا اور سماج کیلئے ایک کارآمد سایہ دار اور ثمر آور درخت ثابت ہوگا۔ کرشن چندر نے اپنے خیالات اُس دور میں پیش کئے تھے جبکہ ہندوستان کے سبھی زبانوں کے ادیب ترقی پسندی کے گن گا رہے تھے اور اشتراکیت کے نظریات پیش کر رہے تھے۔۔ کرشن چندر کا یہ پیش لفظ ترقی پسند تحریک کے ایک دس سالہ کارکردگی کی رپورٹ ہے۔ جس میں تحریک کے آغاز اور ارتقاء پر انہوں نے افسانوی انداز میں جائزہ لیا ہے اور سماج کے بارے میں ادیب کی ذمہ داری کو واضح کیا ہے۔

رپورتاژ ''پودے'' کے ابواب کا تحقیقی تنقیدی و جائزہ:

رپورتاژ ''پودے'' کو کرشن چندر نے 9 ابواب میں تقسیم کیا ہے۔ جس میں (۱) بوری بندر۔ (۲) گاڑی میں۔ (۳) حیدرآباد اسٹیشن۔ (۴) حیدر گوڑہ۔ (۵) اجلاس۔ (۶) پرانا محل۔ (۷) بطخوں کے ساتھ ایک شام۔ (۸) واپسی۔ (۹) منزل۔

جیسا کہ واضح کیا گیا کہ کرشن چندر نے اپنا یہ رپورتاژ اکٹوبر 1945ء میں حیدرآباد میں منعقدہ ترقی پسند ادیبوں کی کل ہند کانفرنس کی روداد کو ایک سفر نامہ کے انداز میں بیان کیا ہے جبکہ کرشن چندر کے ساتھ اردو کے کئی شعراء اور ادیب بمبئی سے ریل کے سفر میں حیدرآباد روانہ ہوئے تھے۔ اس سفر کی روداد ہی پودے کی وجہہ تصنیف ہے۔ مشہور نقاد اور ترقی پسند ادیب ڈاکٹر خلیل الرحمٰن اعظمی رپورتاژ پودے کی خصوصیات بیان کرتے ہوئے لکھتے ہیں کہ

> ''کہنے کو تو یہ (پودے) حیدرآباد اردو کانفرنس کا سفر نامہ ہے لیکن اس میں کرشن چندر کی اپنی شخصیت اور وہ تمام ادیب جوان کے ساتھ بمبئی سے اس کانفرنس میں شریک ہونے گئے تھے۔ افسانہ کے کرداروں کی طرح جاندار اور بھرپور نظر آتے ہیں۔ یہی نہیں بلکہ راستہ کے مناظر' ریل کے مسافروں کی نفسیات' کانفرنس میں ملنے والوں اور شریک ہونے والوں کا مرقع' مہمانوں اور میزبانوں کا مشاہدہ غرض یہ رپورتاژ تمام واقعات کو ہمارے سامنے ہو بہو لا کھڑا کرتا ہے۔ بلکہ مصنف نے اپنی تخلیقی قوت سے ان تمام بحثوں' مکالموں' جشنوں' رنجشوں اور دلچسپ لطیفوں کو اس طرح ترتیب دیا ہے کہ واقعات ایک نئی اور بہتر صورت اختیار کر لیتے ہیں۔(۹)

خلیل الرحمٰن اعظمی کے خیالات سے واضح ہوتا ہے کہ ''پودے'' صرف ایک سفر نامہ اور رپورتاژ ہی نہیں بلکہ کرشن چندر کا لکھا ہوا ایک پر لطف انشائیہ ہے۔ جس میں اردو کے ادیبوں کی بمبئی سے حیدرآباد آمد انجمن ترقی پسند مصنفین کی کانفرنس میں شرکت حیدرآباد کے مختلف مقامات کی سیر اور ادیبوں کی بمبئی واپسی کا حال دلچسپ انداز میں بیان کیا گیا ہے۔ اور اس رپورتاژ کے مطالعہ سے قاری بھی اپنے آپ کو اس سفر میں شامل محسوس کرتا ہے۔ ذیل میں اس سفر نامہ کے ابواب کا انفرادی طور پر تفصیلی جائزہ پیش کیا جارہا ہے۔

بوری بندر: رپورتاژ پودے کا اصل آغاز بوری بندر باب سے ہوتا ہے۔ جس میں کرشن چندر نے بوری بندر ریلوے اسٹیشن بمبئی کے پلیٹ فارم نمبر 11 پر ان کی سجاد ظہیر اور علی سردار جعفری کی آمد اور ٹرین میں سوار ہو کر حیدرآباد روانگی کا حال بیان کیا ہے۔ کرشن چندر خود کلامی کے انداز میں اس باب کے آغاز میں لکھتے ہیں کہ جب کرشن چندر بوری بندر کے اسٹیشن پر پہنچا تو اُس نے دیکھا کہ سید سجاد ظہیر جو کمیونسٹ ہونے کے باوجود اپنے نام کے پہلے سید لکھتے ہیں۔ کچھ اُداس کچھ پریشان سے کھڑے 11 نمبر کے پلیٹ فارم کے باہر اُس کی راہ دیکھ رہے ہے۔ کرشن چندر نے بیانیہ کا ایک نیا انداز اختیار کیا اور اپنے آپ کو بھی بطور کردار اس منظر میں شامل کر دیا۔ سجاد ظہیر چونکہ ترقی پسند تحریک کے بانیوں میں تھے۔ اس لئے کرشن چندر نے اُن کے تعارف میں اُن کے سراپا کو بھی شامل کر دیا اور پودے کے قارئین کیلئے سجاد ظہیر کو شناسہ بنانے کی کوشش کی ہے۔ کرشن چندر بوری بندر ریلوے اسٹیشن پر آنے والے سجاد ظہیر کا سراپا اس انداز میں پیش کرتے ہیں۔

> ''کس قدر لطیف' پاکیزہ' نورانی مسکراہٹ تھی۔ سید سجاد ظہیر اطوار و گفتار میں بالکل چمڑے کے سوداگر معلوم ہوتے ہیں۔ ان کی لطیف اور خاموش صورت دیکھ کر کوئی ان کی جودت طبع کا اندازہ نہیں کر سکتا لیکن جب وہ مسکراتے ہیں تو ذہانت بے نقاب ہو جاتی ہے۔ تبسم ہے کہ ہنستا ہوا کنول ہے۔ شوق ہے خوبصورت ہے دلکش ہے۔ نور کا قوالا ہے۔ تخیل کا کوندا ہے۔ ذہانت کی لہر ہے۔ اڈتی ہوئی بل کھاتی ہوئی آگے بڑھتی ہوئی ہیجانی' سیلابی' طوفانی' چشم زنداں میں ایک سیدھے سادھے موٹے موٹے روکھے روکھے چہرے کو سرسبز و شاداب بنا دیتی ہے۔ ایسا معلوم ہوتا ہے کہ سید سجاد ظہیر کے پاس اس تبسم کے سوا اور کچھ ہے نہیں''۔ [۱۰]

سید سجاد ظہیر کے بارے میں کرشن چندر نے جو کچھ لکھا اس میں ایک حقیقت نگار سے زیادہ انشائیہ نگار جھلکتا ہے۔ کیونکہ کسی ریل کے سفر کیلئے ریلوے اسٹیشن پر آنے والے کو اتنی فرصت نہیں

ہوتی کہ وہ کسی انسان کا اتنی باریک بینی سے مشاہدہ کرے جیسے کرشن چندر نے کیا اور سجاد ظہیر کی ایک مسکراہٹ کو انہوں نے بہت زیادہ بڑھا چڑھا کر پیش کیا۔ کرشن چندر علی سردار جعفری کا تعارف کراتے ہوئے لکھتے ہیں کہ

> ''دفعتاً علی سردار جعفری سر پر آن کھڑے ہوئے اُن کی بے کریز پتلون بڑھے ہوئے بال اور گھونسا مار کا چہرہ بڑے بڑے جغادری ادیبوں پر رعشہ طاری کر دیتا ہے۔ ۱۱

کرشن چندر نے سردار جعفری کو ایک بھاری بھرکم رعب دار شخصیت کے طور پر پیش کیا ہے۔ یہ کرشن چندر کا اپنا انداز ہے کہ انہوں نے سجاد ظہیر کو ایک مسکراتا انسان اور سردار جعفری کو ایک رعب دار شخصیت کے طور پر پیش کیا۔ ریلوے اسٹیشن کے اس مختصر سے منظر نامہ میں کرشن چندر نے اپنی تصویر بھی پیش کر دی جب کہ وہ سجاد ظہیر سے ملنے کیلئے آگے بڑھے کرشن چندر اپنے بارے میں یوں گویا ہیں۔

> ''پستہ قد مصنف نے جس کے فراخ ماتھے سے بال بڑی تیزی سے غائب ہو رہے تھے اور جس نے اپنی بے چین آنکھوں کو عینک کے دبیز شیشوں سے ڈھانک کر رکھا تھا۔ سید سجاد ظہیر کے قریب جا کر ملتجیانہ انداز میں معذرت پیش کرنے کی جرأت کی۔ ۱۲

ایک طرف کرشن چندر اپنی گفتگو سے سید سجاد ظہیر اور ان کے درمیان پائے جانے والے عمر کے فرق کو واضح کرتے ہوئے ادب سے پیش آتے ہیں وہیں سجاد ظہیر کے سامنے اپنی معاشی فراخی کا ثبوت اس طرح دیتے ہیں کہ وہ ملاڈ سے 18 کیلومیٹر کا فاصلہ طئے کر کے آ رہے ہیں اور نوکر کے نہ ہونے سے سامان لانے میں انہیں دقت ہوئی۔ دن میں گیارہ بجے آنے والے یہ لوگ ایک بجے اسٹیشن پر جمع ہوئے اور ذریعہ ٹرین حیدرآباد کیلئے روانہ ہوئے۔ اس طرح بوری بندر کے اسٹیشن پر ترقی پسندوں کی آمد اور روانگی کا منظر کرشن چندر نے اختصار سے بیان کیا ہے۔

گاڑی میں:۔ کرشن چندر نے رپورتاژ ''پودے'' کے اس دوسرے باب میں کانفرنس میں

بمبئی سے حیدرآباد روانہ ہونے والے ادیبوں کے سفر کا حال اور ٹرین کے اندر دکھائی دینے والے مناظر کو دلچسپ انداز میں پیش کیا ہے۔ کرشن چندر پہلے ہی بمبئی میں فلموں کے لئے کہانی، مکالمے اور منظر لکھ رہے تھے۔ ان کیلئے ٹرین کا یہ منظر بیان کرنا کوئی مشکل کام نہیں تھا۔ چنانچہ اس باب کے آغاز میں حیدرآباد جانے والی گاڑی کا حال بیان کرتے ہوئے کرشن چندر لکھتے ہیں کہ

> ''تھرڈ کے ڈبے پر'' سکندر آباد'' لکھا تھا۔ سکندر آباد جو حیدرآباد دکن میں واقع ہے۔ تھرڈ کا ڈبہ جو نظام اسٹیٹ ریلوئے کی ملکیت تھا۔ اس وقت بوری بندر کے اسٹیشن پر کھڑا تھا۔ اور مسافر اس پر گڑ کی بھیلیوں کی طرح لدے ہوئے تھے۔ نظام اسٹیٹ ریلوئے کے تیسرے درجہ کے ڈبوں میں بھی بجلی کے پنکھے لگے ہوتے ہیں۔ چنانچہ جہاں ترقی پسند ادیبوں کا گروہ بیٹھا تھا وہاں اتنا گھٹن نہ تھی۔ دراصل ان لوگوں نے اپنے بیٹھنے کیلئے اچھی جگہ حاصل کرلی تھی۔ پورے ڈبہ میں صرف دو پنکھے تھے اور جہاں یہ پنکھے تھے وہیں ترقی پسند ادیب بھی تھے۔ دو پنکھوں کے نیچے آمنے سامنے ٹولیاں بنا کے بیٹھ گئے تھے۔ گاڑی میں اس لئے بیٹھے تھے کیونکہ حیدرآباد دکن جا رہے تھے۔ اور حیدرآباد دکن اس لئے جا رہے تھے کہ وہاں اردو کے ترقی پسند ادیبوں کی کل ہند کانفرنس تھی۔ ۱۳

کرشن چندر نے ریل گاڑی کے ڈبے کا منظر نامہ پیش کرتے ہوئے دو تین پہلوں کی طرف اشارہ کیا کہ اس دور میں ریل کا سفر عام ہو رہا تھا اور لوگ دور دراز کے علاقوں کو ریل کے سفر پر روانہ ہوتے تھے۔ انگریزوں نے ہندوستان میں ریل کی شروعات کی تھی۔ اور ریلوئے کا انتظامیہ ان کے ہی ہاتھ میں تھا لیکن حیدرآباد جانے والی اس گاڑی کی خاص بات یہ تھی کہ ریل کا یہ ڈبہ نظام حیدرآباد کی ملکیت تھا۔ انگریزوں کی غلامی کے زمانہ میں بھی نظام حیدرآباد کی یہ شان و

شوکت تھی کہ انہوں نے حیدر آبادیوں کیلئے ٹرین کا ایک ڈبہ ہی حاصل کرلیا تھا۔ ریل کے ڈبہ میں مسافرین کی سہولت کیلئے پنکھے بھی تھے۔ اور خوشی کی بات یہ تھی کہ حیدر آباد جانے والے ان ترقی پسند ادیبوں کو پنکھے کے نیچے جگہ مل گئی۔ کرشن چندر نے ڈبہ میں موجود ادیبوں کا ذکر کیا کہ ایک ٹولی میں سجاد ظہیر، ڈاکٹر ملک راج آنند، مدن گوپال، سبط حسن اور اوپندر ناتھ اشک شامل تھے۔ دوسری ٹولی میں علی سردار جعفری، رفعت سروش، قدوس صہبائی، عادل رشید، کرشن چندر اور کیفی اعظمی تھے۔ یہ لوگ ٹرین میں اپنی مصروفیت میں لگ گئے تھے۔ کیفی اعظمی اونگھ رہے تھے۔ سبط حسن اور مہیندر ناتھ شطرنج کھیلنے میں لگ گئے۔ ٹرین کی روانگی سے قبل کرشن چندر باہر سے۔4 روپئے کے سنترے خرید کر لائے اور ادیبوں میں تقسیم کئے انہوں نے اپنے اس عمل کو اپنی امارت کے اظہار سے تشبیہ دی جبکہ وہ فلمی دنیا میں اچھی خاصی دولت کمانے لگے تھے۔ کرشن چندر ایک مصور کی طرح ٹرین میں ترقی پسندوں کی حرکیات بیان کرتے جا رہے تھے۔ ابھی ٹرین روانہ نہیں ہوئی تھی۔ اُس وقت کا منظر بیان کرتے ہوئے کرشن چندر لکھتے ہیں کہ

> ''ادیبوں کے کاہن ملک راج آنند اور سید سجاد ظہیر آمنے سامنے بیٹھے تھے۔ دونوں براق کھدر میں ملبوس تھے۔ سجاد ظہیر کی کھدر کا رنگ سفید تھا۔ تو ملک راج آنند کا رنگ جوگیا تھا لیکن لباس دونوں کا وہی تھا۔ وہی ٹوپی وہی جواہر جیکٹ وہی پائجامہ ملک راج آنند کے منہ میں پائپ تھا تو سید سجاد ظہیر کے لبوں پر تبسم ۔۔۔۔ آنند اور سجاد ظہیر دونوں ادبی کانفرنس کے پروگرام طئے کر رہے تھے۔ مدن گوپال جنہوں نے منشی پریم چند کے آرٹ پر ایک کتاب انگریزی میں لکھی ہے۔ اُن کے قریب بیٹھے ہوئے۔ ان دونوں ادیبوں کی گفتگو اس انہاک سے سن رہے تھے گویا کسی الہامی تفسیر سے روشناس ہو رہے ہوں۔ (۱۴)

کرشن چندر نے ادبی کانفرنس کے پروگرام کو الہامی تفسیر کہا۔ اس سے پتہ چلتا ہے کہ ترقی

پسند ادیب کس طرح اپنے نظریات کو اہمیت دیتے تھے۔ یہ ضروری ہے کہ انسان اپنے کسی نظریہ کو اہمیت دے اور اُس پر عمل پیرا ہو لیکن ترقی پسندوں کی یہ برائی تھی کہ انہوں نے انسانوں کے بنائے ہوئے اشترا کی نظریات کو اس قدر اہمیت دی کہ اپنے پیدا کرنے والے اور پالنے والے رب کو یکسر بھلا بیٹھے۔ حالانکہ ہر عقل مند موت جیسی اٹل حقیقت سے انکار نہیں کر سکتا تھا۔ لیکن ترقی پسندی کی آڑ میں ایک طرف مذہب بیزاری کا اظہار کیا گیا اور لادینیت اور دہریت کو فروغ دیا گیا تو دوسری طرف اپنے نظریات کو الہامی باتوں سے تشبیہ دی گئی۔ کرشن چندر آگے لکھتے ہیں کہ جب ان کی گفتگو قدوس صہبائی سے ہوئی تو دونوں نے اپنے بیماریوں' نزلہ' پیچش' آنتوں کی سوزش' دل کے اختلاج اور جگر کی پتھری کا ذکر کیا۔ کرشن چندر اپنی بیماری کے بارے میں کہتے ہیں کہ ڈاکٹروں نے اُن کی باقی عمر صرف تین سال بتائی۔ کرشن چندر اس مہلت میں بھی اپنے کسی ناول کی تکمیل کا ذکر کرتے ہیں۔ درمیان میں شطرنج کھیلنے والوں کی گفتگو کا بھی حوالہ دیا۔ جب ریلوے گارڈ کی سیٹی سے ریل چلنے لگتی ہے تو کرشن چندر اس منظر کو جذباتی انداز میں بیان کرتے ہوئے لکھتے ہیں کہ

> ''گارڈ نے یا خدا جانے کس نے سیٹی بجائی اور گاڑی چلنے لگی ادیب گاڑی سے باہر جھانکنے لگے۔ لیکن ان بیچاروں کو الوداع کہنے والا کون تھا۔ ایک خوبصورت ایرانی عورت اپنے خاوند کو الوداع کہہ رہی تھی۔ ایک پارسی لڑکی قوس قزح ساڑی پہنے دوسرے درجہ میں کھڑی رومال ہلا رہی تھی۔ اور اُس کا محبوب پیار بھری نگاہوں سے اُسے تکتا گیا...... لیکن ادیبوں کیلئے وہاں کوئی نہ تھا۔ نہ باپ' نہ محبوب' نہ مداح بیچارے خود ہی ہاتھ ہلا ہلا کر رہے گئے اور جب گاڑی پلیٹ فارم سے باہر نکل گئی تو پھر اپنی سیٹوں پر آ کر بیٹھ گئے اور بے بسی کے عالم میں اونگھنے لگے۔ ۱۵

کرشن چندر نے یہ منظر بیان کرتے ہوئے ترقی پسند تحریک کی اہمیت اجاگر کی ہے۔ اور

اپنے خیالات سے ظاہر کیا کہ ترقی پسند ایک عظیم مقصد کے حصول کیلئے سفر پر روانہ ہوئے تھے۔ وہ اس اُمید میں تھے کہ کچھ قدر دان ریلوئے اسٹیشن آتے اور انہیں وداع کرتے۔ جیسا کہ دیگر مواقع پر ہوتا ہے۔ انہوں نے اس منظر میں شوہر بیوی اور عاشق معشوق کو ایک دوسرے کو وداع کرتے دکھایا جبکہ ترقی پسندوں کا کوئی قدر دان انہیں چھوڑنے نہیں آیا تھا۔ دراصل یہ لوگ ایک تحریک کے علمبر دار تھے۔ اور تحریکوں میں عوامی شعور کی بیداری کے بعد نتائج آتے ہیں۔ جب ٹرین اپنے سفر پر روانہ ہوتی ہے تو کچھ دیر بعد کرشن چندر کو سگریٹ کی طلب ہوتی ہے۔ وہ اپنے ساتھیوں سے سگریٹ طلب کرتے ہیں لیکن کوئی انہیں سگریٹ نہیں دیتا۔ تب ہی پاس میں بیٹھا ایک ریلوئے مزدور کرشن چندر کو سگریٹ کی پیشکش کرتا ہے۔ اس پیشکش پر کرشن چندر کو ندامت ہوتی ہے۔ کہ تھوڑی دیر قبل انہوں نے مزدور کی کم حیثیتی دیکھ کر اُسے سنترہ نہیں دیا تھا۔ جبکہ وہی کم تر مزدور کرشن چندر کو ضرورت پڑنے پر سگریٹ دیتا ہے۔ تھوڑی دیر بعد وہی مزدور مکھن کا ڈبہ کھولنے کیلئے چاقو بھی دیتا ہے۔ کرشن چندر یاد دلانے پر بھی اُن کے ساتھی غریب مزدور کو کھانے کی چیزیں نہیں دیتے۔ اس موقع پر طنز کرتے ہوئے لکھتے ہیں کہ یہ مکھن پھل کھانے والا ساتھی نہیں وہ تو فرش خاکی پر بیٹھ کر تقریر سننے والا ساتھی ہے۔ کرشن چندر نے اپنی بات آگے بڑھاتے ہوئے ٹرین کے تیسرے درجہ کے اس ڈبہ میں بیٹھے ہوئے مختلف قسم کے لوگوں کا تعارف کراتے ہیں۔ جس سے یہ پتہ چلتا ہے کہ اُس وقت کے لوگوں کی معاشی صورتحال کیسی تھی۔ کرشن چندر ایک مصور کی طرح ڈبہ کی منظر کشی یوں کرتے ہیں۔

> ''ترقی پسند ادیبوں کے علاوہ اس ڈبہ میں کوئی سؤ ڈیڑھ سو آدمی اور ہوں گے دو مولوی تھے۔ چار سود خور پٹھان تھے۔ آٹھ' دس بنئے بیٹھے تھے۔ جو دوسرے درجہ میں سفر کر سکتے تھے۔ لیکن روپیہ بچانے کی خاطر تھرڈ میں آلتی پالتی مارے بیٹھے تھے۔ کوئی پندرہ' بیس ریلوئے کے مزدور تھے۔ ایک چنا جور گرام بیچنے والا تھا۔ ایک دیسی عیسائی اپنی بیوی کے ساتھ سفر کر رہا تھا۔ بیوی نے اپنے تین بچے سیٹوں پر سلا رکھے

تھے۔اس ڈبہ کے چار دروازے تھے۔ ہر دروازے پر مفلوک
الحال کسان بوسیدہ چیتھڑوں میں لپٹے ہوئے کھڑے تھے۔
اور بلند آواز میں باتیں کرتے جاتے تھے۔ انتہائی عجیب
باتیں تھی وہ زمین کی باتیں، پٹواری کی باتیں ل ہل کی باتیں،
بیل کی باتیں، قحط کی باتیں، بیاہ کیلئے بنئے سے سود پر رقم حاصل
کرنے کی باتیں، گھر کو گروی اور زمین رہن کرنے کی باتیں
عجیب وغریب باتیں، نہ عشق ومحبت کی باتیں نہ حسن جہاں سوز
کی باتیں، ساقی کی باتیں نہ شراب کی باتیں، مذہب کی باتیں
نہ جنت کی باتیں ایک بے پناہ شور تھا۔ ایک مسلسل ہنگامہ،
ایک مستقل دوزخ، ایک آگ، ایک بو، ایک سڑاند، جیسے وہ تھرڈ
کا ڈبہ انسانیت کا سنڈاس تھا اور جس میں ترقی پسند ادیب
اس طرح دھرے تھے جس طرح کوڑے کرکٹ کے ڈھیر پر
سیب سرخ وسفید خاش پھینک دے''۔۱۶

کرشن چندر نے تھرڈ کلاس ڈبہ کی جو تصویر پیش کی ہے۔ وہ اُس وقت کے کم وبیش سارے ہندوستان کی تصویر تھی۔ اور اس طرح کی تصویر پریم چند نے بھی اپنے افسانوں میں بڑی ہی فنکاری سے پیش کی ہے۔ اس وقت کا ہندوستان غربت کا مارا تھا اور ترقی پسند ادیب کسان اور مزدور کی حمایت کے نعرے لگارہے تھے۔ حسن وشراب وشباب کی باتیں عام آدمی سے دور تھیں۔ لیکن وہ بھی ان کے خواب دیکھتا تھا۔

رپورتاژ پودے کے اس حصہ میں کرشن چندر موضوع بدلتے ہوئے ڈبے میں بیٹھے ترقی پسندوں کی آپسی گفتگو کا ذکر کرتے ہیں۔ ملک راج آنند ادب کی دوامی قدروں کا ذکر کرتے ہیں۔ اور ادب کی پیشکشی میں مواد کو بہتر طریقہ سے پیش نہ کرنے پر افسوس کرتے ہیں کہ ترقی پسندوں نے کوئی قابل فخر تخلیق پیش نہیں کی۔ کرشن چندر سوال کرتے ہیں کہ انگریزی ادب کے مشہور لوگ کون ہیں۔ تب ملک راج آنند شیکسپئر کے علاوہ دیگر انگریزی ادیبوں کا ذکر کرتے

ہیں۔ بعد میں خود ملک راج آنند اردو شعراء اقبال اور جوش کی تعریف کرتے ہیں۔ اس طرح ڈبہ میں ٹرین کے سفر کے ساتھ ترقی پسندوں کی ادبی گفتگو جاری رہتی ہے کچھ لوگ سو جاتے ہیں اور کچھ کتابوں کے مطالعہ میں لگ جاتے ہیں۔ کرشن چندر کو پان کی طلب ہوتی ہے۔ اور وہ اگلے اسٹیشن پر اتر کر ٹرین کے ہوٹل والے ڈبہ میں جانے کا ارادہ کرتے ہیں۔ کرشن چندر نے ڈبہ کے اندر سے باہر کے منظر کا شاعرانہ انداز میں ذکر کیا ہے۔ شام کا منظر بیان کرتے ہوئے کرشن چندر لکھتے ہیں۔

''وہ دیکھو.....وہ دیکھو.....سیاہ بادلوں کے پیچھے سونا ابل رہا ہے۔ سیاہ بادلوں کے مرکز میں آسمان نیلا تھا۔ سمندر پر کھڑکی سی کھل گئی تھی اور سورج غروب ہو رہا تھا۔ اور میں کھڑکی میں بیٹھ کر ڈوبتے ہوئے سورج کو تک رہا تھا اور لہر ٹرین کو چوم کر واپس چلی جارہی تھی۔ یہ نور کی لہر یہ سورج کا سمندر' یہ خدائی کا مرکز دیکھو۔ وہ دیکھو...شام بڑھنے لگی... شفق ڈوبنے لگی۔ تاریکی پھیلنے لگی۔ ہر چیز ڈوب جاتی ہے۔ اس تاریکی میں سمندر بھی سنہرے رنگ میں کھو گیا۔ وہ گلابی تاج محل شہابی ہو گئے۔ مرمریں سے گلابی' گلابی سے شہابی' شہابی سے قرمزی' محل ہاتھی بن گئے۔ اور پھر تاریکی نور کی آخری لہر افق سے ٹکرا کر ڈوب گئی۔ اور چاروں طرف اندھیرا چھا گیا۔ [17]

کرشن چندر چونکہ ایک منجھے ہوئے افسانہ نگار تھے۔ اس لئے انہیں عام منظر بھی خاص لگتا ہے اور اُسے وہ فنکاری کے ساتھ پیش کرتے ہیں۔ جب ہر طرف اندھیرا چھا جاتا ہے تو کرشن چندر کہتے ہیں کہ اب کچھ دکھائی نہیں دیتا ہرے بھرے کھیت جھونپڑیاں اور مزدور مرد عورتیں تب سردار جعفری انہیں ٹوکتے ہوئے کہتے ہیں کہ تمہیں شام کی لالی دیکھ کر عورت یاد آتی ہے۔ میدان جنگ یاد نہیں آتا۔ وہ کرشن چندر کو علاج کروانے کیلئے کہتے ہیں۔ ٹرین رکنے کے بعد وہ

لوگ ڈائننگ کار میں آئے۔ مغربی ماحول تھا۔ انگریز لوگ تھے۔ شراب تھی اچھے اچھے کھانے تھے۔ کرشن چندر اور اُن کے دوست مغربی طرز کا کھانا کھاتے ہیں اور ماحول سے لطف اندوز ہوتے ہیں۔ چند انگریز افسروں سے گفتگو کے بعد رپورتاژ پودے کا یہ باب ختم ہوتا ہے۔ جس میں کرشن چندر نے تھرڈ کلاس ڈبہ کی غربت اور ڈائننگ کار کی شان وشوکت بیان کرتے ہوئے ہندوستان میں اس وقت چلی آرہی غلامی کی غریب زندگی اور حاکم انگریزوں کی شان وشوکت کی زندگی کا تضاد پیش کیا اور دوران گفتگو ترقی پسندوں کا تعارف بھی کرایا۔

حیدرآباد اسٹیشن:۔ رپورتاژ پودے کا تیسرا باب حیدرآباد اسٹیشن ہے۔ اس باب میں کرشن چندر نے ترقی پسند مصنفین کی ریل گاڑی کے ذریعہ بمبئی سے روانگی کے بعد دوسرے دن صبح سویرے حیدرآباد آمد کا نقشہ بیان کیا ہے۔ اس باب کے آغاز میں کرشن چندر لکھتے ہیں کہ صبح جب اُن کی آنکھ کھلتی ہے تو گاڑی نظام اسٹیٹ کے حدود میں داخل ہو چکی تھی۔ باہر مکئی کے کھیت اور اُن کھیتوں میں خرگوش دوڑتے نظر آرہے تھے۔ کرشن چندر صبح کے مناظر کو دیکھ کر ایک مرتبہ پھر جذباتی ہو جاتے ہیں اور اپنے جذبات کا اظہار کرتے ہیں اور ٹرین میں ہو رہی ہلچل کو بیان کرتے ہیں۔ کہ کس طرح لوگ صبح چائے اور ناشتے کیلئے بے چین دکھائی دیتے ہیں۔ بیگم پیٹ اسٹیشن پر چائے لینے کے بعد تھوڑی دیر بعد ریل گاڑی حیدرآباد اسٹیشن پر پہنچتی ہے۔ کچھ لوگ ان ادیبوں کے استقبال کیلئے آئے تھے لیکن وہ بیزار لگ رہے تھے۔ اس موقع پر کرشن چندر بمبئی کی تیز رفتار مزدور زندگی اور حیدرآباد کی نوابی زندگی کا تقابل کرتے ہوئے لکھتے ہیں کہ

> ''یہاں استقبالیہ کمیٹی کے دس پندرہ ارکان حاضر تھے۔ اور صبح سویرے یوں چلے آنے پر فروختہ سے دکھائی دیتے تھے۔ اُن کے چہرے خوش آمدید کہنے کی کوشش میں مصروف تھے۔ مگر بشرے سے عیاں ہوتا تھا میاں اگر انسان ہو تو ابھی واپس لوٹ جاؤ صبح سویرے ہمیں جگایا یہ کوئی شرافت نہیں ہے۔ بھاڑ میں جائے تمہاری ترقی پسندی یہاں حیدرآباد میں ہم لوگ 10 بجے سے پہلے نہیں اٹھتے۔ دکانوں

کے دروازے گیارہ بجے کھلتے ہیں اور 12 بجے کے قریب کوئی
اکا دکا خریدار سردی میں ٹھٹرتا ہوا شیروانی کے بٹن کالر تک بند
کئے ایک معذرتی انداز میں ڈھونڈتا نظر آتا ہے اور ایک آپ
ہیں ہے کہ 9 بجے ہی اسٹیشن پر آدھمکے ہیں۔ لعنت۔ ۱۸

ٹرین سے اترنے کے بعد بمبئی سے آئے ترقی پسند ادیب حیدرآبادی میزبانوں سے ملتے ہیں۔ ابراہیم جلیس، نظر حیدرآبادی، مسلم ضیائی اور ابراہیم جلیس کے بڑے بھائی جگر حیدرآبادی سے ملاقات ہوتی ہے اور لوگ مسرت کا اظہار کرتے ہیں۔ حیدرآباد اسٹیشن سے نکل کر یہ لوگ اپنی قیام گاہ حیدرگوڑہ روانہ ہوتے ہیں۔ جہاں محبوب حسین جگر اُن کے قیام کا انتظام کرنے والے تھے۔ انہیں جس مکان میں لایا گیا۔ وہ مکان کرشن چندر کو پسند نہیں آیا۔ کیونکہ اس سے قبل کانفرنس میں انہیں ایک اچھے محل نما مکان میں ٹھہرایا گیا تھا۔ ادیبوں کو سونے کیلئے پلنگ بھی نصیب نہ تھے۔ بعد میں اُن کیلئے پلنگ لائے گئے۔ مہانوں کے ساتھ اس طرح کے برتاؤ پر کرشن چندر نے اظہار ناراضگی کیا۔ کرشن چندر بمبئی میں اچھی زندگی گذار رہے تھے مانے ہوئے افسانہ نگار اور فلموں کے کہانی کار تھے۔ ترقی پسند مصنفین کی اس کانفرنس میں انہیں اچھا ماحول اور استقبال نہیں ملتا ہے تو وہ قلم کے ذریعہ فوری اپنے جذبات کا اظہار کردیتے ہیں۔ اس طرح رپورتاژ کا یہ باب ختم ہوتا ہے۔

اجلاس:۔ ''پودے'' کے اس باب میں کرشن چندر ''اجلاس'' کے عنوان سے حیدرآباد میں منعقد ہونے والی ترقی پسند مصنفین کی 1946ء کی کانفرنس کے پہلے اجلاس کی روداد بیان کرتے ہیں۔ اجلاس میں شرکت کرنے والی حیدرآبادی مشہور شاعرہ سروجنی نائیڈو کی شعلہ بیانی سے کرشن چندر بہت متاثر ہوتے ہیں اور اُن کے بارے میں لکھتے ہیں۔

''کانفرنس کے پہلے اجلاس کے افتتاح کے موقع پر
سروجنی نائیڈو صاحبہ کی شعلہ بیانی کیا عورت ہے۔ معمر ہونے
پر بھی آنکھوں کی جواں سالی نہیں گئی۔ کوئی تبسم کی حیرانی نہیں
کھوئی۔ روپ کی جستجو اور پیہم کاوش نہیں کھوئی، بدلتا ہوا زمانہ

ہر بار ایک نیا مرحلہ سامنے لے آتا ہے۔ اور یہ شاعرہ اس مرحلہ کا یوں استقبال کرتی ہے۔ گویا وہ مدت سے اس کی منتظر تھی۔ اٹھتی لہریں بار بار ساحل سے ٹکراتی ہے اور رواں دواں بلند و بالا موجوں کے تخت پر آپ اس عورت کو دیکھیں گے جس نے ہندوستانی سیاست اور ادب سارے رنگ دیکھے ہیں۔ فن سے زندگی تک اور ہوم رول سے اشتراکیت تک وہ کبھی پیچھے نہیں رہی اُس کے قدم کبھی نہیں ڈگمگائے وہ زمانے سے ہمیشہ دو قدم آگے رہی ہے۔ ١٩

کرشن چندر نے سروجنی نائیڈو کی تعریف کے بعد اجلاس میں اپنے مقالہ سنانے کا منظر بیان کیا ہے۔ حال میں 5 ہزار افراد کی موجودگی کا ذکر کرتے ہوئے انہوں نے لکھا کہ سامعین میں کالج کے طالب علم، اسکول کی لڑکیاں، سرکاری ملازم، دوکاندار، ریلوئے کے مزدور، بیکار ہر طبقہ کے لوگ شامل تھے اور خاموشی سے اس موقع پر اپنی ترقی پسندی کا ذکر کرتے ہوئے کرشن چندر لکھتے ہیں کہ

''جب مقالہ نگار نے مراکو سے لے کر جاوا تک کے آزادی پسندوں کی تحریک کا ذکر کیا تو ہال نعروں سے گونج اٹھا اور جب ادب میں اشتراکیت کا ذکر آیا۔ انسانیت کا ذکر آیا۔ ایک بہترین نظام زندگی کا ذکر آیا۔ عشق کی انقلابی ماہیت کا ذکر آیا۔ اور اُن طبقوں کا ذکر آیا جن پر ہمارے ادب کے دروازے ابھی تک بند ہیں تو سامعین کے دلوں کے تار جھنجھنا اٹھے جیسے اس مقالہ میں وہ لوگ خود بول رہے تھے۔۔۔ پہلے روز بھی یہ ہوا دوسرے روز بھی یہ ہوا۔ تیسرے اور چوتھے روز بھی یہی ہوا۔ ٢٠

کرشن چندر نے پہلے روز کی کارروائی کے دوران پیش کردہ ترقی پسند خیالات کو پیش کیا کہ

کس طرح لوگ تالیوں کی گونج میں نئے ادب اور انقلاب کے منتظر تھے کہ اب ایسا ادب پیش ہو جس میں خواب وخیال کے بجائے زندگی کی حقیقتوں کا بیان ہو اور عام آدمی کے مسائل کا حل ہو۔

شام میں ادیب کانفرنس کے پہلے اجلاس کی کامیابی پر گفتگو کرتے ہیں جیسا کہ ہوتا ہے کہ بڑی ادبی کانفرنسوں میں شرکت کیلئے آنے والے ادیبوں سے مقامی نوجوان لڑکے لڑکیاں آٹو گراف لیتے ہیں۔ آٹو گراف بک پر سجاد ظہیر نے اشتراکیت زندہ باد لکھا۔ کرشن چندر نے انسانیت زندہ باد لکھا تھا۔ یہ لوگ آپس میں جوش کی شاعری اور اُن کی رباعیوں پر گفتگو کرتے ہیں۔ رات کے 2 بجے تک باتوں کا سلسلہ چلتا ہے۔ سردار جعفری کو صبح نظام کالج میں تقریر کرنا تھا وہ رات میں ہی شیو کرنا چاہتے تھے لیکن شیو کا سامان کہیں گم ہو گیا تھا۔ کرشن چندر جگر کی بدانتظامی پر ناراض ہوتے ہیں۔ لیکن جگر صاحب مہمانوں کو چھوڑ کر چلے جاتے ہیں۔

صبح لوگ نظام کالج جانے کی تیاری کرتے ہیں۔ وہاں لڑکیوں کی موجودگی کوسن کر وہ اچھے انداز میں تیار ہو کر جاتے ہیں۔ جگر صاحب نے گاڑی کا انتظام کیا تھا۔ کرشن چندر کو شیو نہ کرنے پر افسوس تھا۔ نظام کالج سے واپسی پر اُن کی ملاقات فراق، احتشام حسین اور ڈاکٹر عبدالعلیم سے ہوتی ہے۔ عریانی پر مباحث ہوتے ہیں۔ دوپہر کا کھانا کھایا جاتا ہے۔ دنیا بھر کے ادب ادیبوں اور تحریکوں کا ذکر ہوتا ہے۔ دوسرے دن دوپہر پریم چند سوسائٹی کا افتتاح تھا۔ حسین ساگر کے کلب میں دعوت تھی۔ ادیبوں کو موٹر بوٹ کے ذریعہ کلب لے جایا گیا۔ جہاں ادیبوں کے لئے شاندار دعوت کا انتظام کیا گیا۔ قاضی عبدالغفار نے تقریر کی۔ کلب میں بیٹھے ادیبوں نے حسین ساگر جھیل کے خوبصورت مناظر سے لطف اٹھایا۔ ان تمام باتوں کا ذکر اس باب میں ملتا ہے۔ کرشن چندر نے رپورتاژ کے اس بنیادی باب میں ترقی پسند مصنفین کانفرنس کا سرسری ذکر کیا جبکہ انہیں رپورتاژ کے تقاضوں کے حساب سے ہر مجلس کی روداد تفصیل سے بیان کرنی چاہئے تھی۔ یہ پتہ نہیں چلتا کہ کانفرنس کا اصل اجلاس کہاں ہوا تھا۔ جبکہ نظام کالج اور حسین ساگر کلب کا ذکر کیا گیا۔ صرف سروجنی نائیڈو اور کرشن چندر کی تقاریر کا ذکر کیا گیا جبکہ کانفرنس میں ہندوستان بھر کے ادیب موجود تھے۔ اُن کے خیالات کو بھی کرشن چندر بیان کر سکتے تھے لیکن انہوں نے ایسا نہیں کیا۔ ایک طرف جگر صاحب کے رویہ پر اعتراض کیا تو دوسری طرف کلب کی دعوت پر بھی خوشی ظاہر نہیں کی اور

اسے اسراف قرار دیا تاہم اس رپورتاژ میں کانفرنس کی کئی جھلکیاں قارئین کو مل جاتی ہے اور وہ کانفرنس کے احوال سے واقف ہوتے ہیں۔

پرانا محل:۔ رپورتاژ کے اس باب میں کرشن چندر نے کانفرنس میں شرکت کیلئے آئے ادیبوں کی حیدرآباد کے مخصوص علاقوں میں تفریح اور بازاروں سے خریدی کا ذکر کیا ہے۔ کرشن چندر مسلم ضیائی سے اُن کے شادی نہ کرنے کا حال پوچھتے ہیں۔ وہ اشارتاً کہتے ہیں وہ جسے چاہتے ہیں وہ کانفرنس میں روز آرہی ہے۔ یہ لوگ گاڑی میں چارمینار اور لاڈ بازار جاتے ہیں اور وہاں کی مخصوص چیزیں چوڑیاں، پاندان وغیرہ خریدتے ہیں۔ کرشن چندر نے تھوڑی دیر کیلئے چارمینار کے اطراف کی گڑبڑ اور بارکس کے چاؤش لوگوں کا ذکر کیا ہے۔ شام کے وقت یہ لوگ راجہ شام راج کے پرانا محل جاتے ہیں۔ جہاں اُن کا اچھا استقبال ہوتا ہے۔ ادیب محل کی خوبصورتی دیکھ کر حیران ہوجاتے ہیں اور تفصیل سے راجہ کی دولت کے مناظر دیکھتے ہیں۔ ادیبوں کیلئے چائے پیش کی جاتی ہے۔ راجہ کے ساتھ فوٹو کھینچی جاتی ہے۔ اس موقع پر بھی کرشن چندر راجہ کی امارت اور ترقی پسندوں کی غربت کا موازنہ کرتے ہیں اور راجہ کی دعوت کے دوران اپنے آپ پر بوجھ محسوس کرتے ہیں۔ ادیبوں کو سونے کے عطردان سے عطر لگایا گیا۔ چاندی کے پاندان سے پان کھلایا گیا اور ہاتھ میں ایک گلدستہ دے کر رخصت کر دیا گیا۔ واپسی پر جگر صاحب راجہ کی دعوت کا حال پوچھتے ہیں۔ ادیب غصہ کا اظہار کرتے ہیں کہ انہیں ایک بے ذوق راجہ کی دعوت میں کیوں لے جایا گیا۔ ادیبوں کی آپس میں باتیں ہوتی ہیں اور ایک دوسرے کا کلام سنا جاتا ہے۔ اس طرح کانفرنس کا ایک اور دن گذر رجاتا ہے۔ رپورتاژ میں چونکہ کسی کانفرنس یا پروگرام کا حال بیان کیا جاتا ہے اور اُس کی لفظی تصویر پیش کی جاتی ہے۔ اس لئے کرشن چندر نے بھی اپنے رپورتاژ پودے میں کانفرنس میں شرکت کیلئے آئے ہوئے ادیبوں کے صبح وشام کے حالات بھی اس انداز میں پیش کئے کہ پڑھنے والے قاری کو لطف آتا ہے۔ اور ایک ایسے دور میں جب کہ فوٹو گرافی اور ویڈیو گرافی نا کے برابر تھی۔ رپورتاژ نگاری کا فن قارئین کیلئے کسی واقعہ کی لفظی تصویر دیکھنے اور محسوس کرنے کا اچھا ذریعہ تھی۔ اور کرشن چندر نے اس فن کے ابتدائی دور میں پودے کے ذریعہ اچھی مثال پیش کی۔

بطخوں کے ساتھ ایک شام :۔ رپورتاژ پودے کے اس باب میں کرشن چندر نے اردو کے مشہور ادیب وصیفہ نگار مرزا فرحت اللہ بیگ کے گھر شام میں ہونے والی ایک محفل مشاعرہ کا ذکر کیا۔ کرشن چندر کے مطابق ادیب تھکے ہوئے تھے جب وہ مرزا فرحت اللہ بیگ کے گھر جاتے ہیں تو وہاں موجود بطخوں کی آوازیں چائے کی پیالیوں میں چلنے والے چمچے کی آوازوں اور پردے کے پیچھے سے خواتین کی تنقیدوں کو بُرا محسوس کرتے ہیں۔ جبکہ کرشن چندر نے اپنے بارے میں ایک خاتون کا یہ طنزیہ جملہ سن لیا تھا کہ ''یہ کرشن چندر نہیں چغد چندر معلوم ہوتے ہیں۔ بہر حال ادیب فرحت اللہ بیگ کی محفل سے واپس آ گئے۔ اس بات میں کرشن چندر نے کانفرنس کے آخر میں ادیبوں کی جانب سے سنائے جانے والے مقالوں کا ذکر کیا۔ چنانچہ وہ لکھتے ہیں۔

> ''آخر کار کانفرنس ختم ہوگئی۔ سبط نے فن صحافت پر اپنا مقالہ بھی پڑھ لیا کسی شخصیت نے ٹوکا نہیں۔ سردار نے اقبال کے رجعت پسندوں' نقادوں کو آڑے ہاتھوں لیا۔ کسی نے اُس کے پیٹ چھرا نہیں بھونکا ڈاکٹر تارا چند نے اردو کا شجرہ نسب 2000 سال کے پرانے ہندوستان کی تہذیب سے جا ملایا۔ کسی ہندومہاسبھائی نے اُف تک نہ کی ۔لیکن جب کانفرنس ختم ہونے کے بعد مخدوم نے آہستہ سے کہا بھائی وہ ریلوے کے مزدور تم لوگوں کو اپنے جلسہ میں بلانا چاہتے ہیں۔ تو بہت سے لوگ زکام' پیچش اور بخار سے بیمار پڑ گئے۔ جگر صاحب نے بڑی مستعدی سے لوگوں کے بستر باندھنا شروع کر دیئے۔ کچھ لوگ بازار میں خرید وفروخت کرنے چلے گئے کچھ لوگ PEN کانفرنس میں شرکت کرنے کیلئے اسٹیشن سے جئے پور کا ٹکٹ لانے کیلئے چلے گئے۔ کچھ لوگ بیمار ہو کر بستر پر دراز ہو گئے۔ مزدوروں کے جلسے کیلئے صرف کیفی' سردار اور ساحر بچے۔ [۲۱]

کرشن چندر نے آگے ریلوئے مزدوروں کے جلسے کا ذکر کیا جہاں مخدوم' ساحر' کیفی اور سردار جعفری کا انقلاب زندہ باد کے نعروں کی گونج میں خیر مقدم کیا جاتا ہے۔ کرشن چندر نے شائد اس پروگرام میں شرکت نہیں کی تھی۔ لیکن چونکہ یہ مزدوروں کا پروگرام تھا اور مزدوروں کے ساتھ ہمدردی کا اظہار کرنا ترقی پسندوں کا اولین فریضہ تھا۔ اس لئے انہوں نے اس جلسے میں موجود مزدوروں کے بارے میں اپنے جذبات کا اظہار کیا جو ترقی پسندوں کے جذبات تھے۔ کرشن چندر لکھتے ہیں۔

''مشینوں پر کام کرنے والے لوگ' سانولے کالے لوگ' موٹے موٹے جبڑے' کھردرے ہاتھ پاؤں والے لوگ' بد صورت لوگ' غلیظ لباس پہننے والے لوگ' برا کھانا کھانے والے لوگ' لوگ جو نہ ''واللہ'' کہہ سکتے تھے نہ ''مکرر ارشاد'' نہ ہے کیا شعر ہوا ہے۔ لوگ جن کے آداب اُن کی زندگیوں کی طرح کھردرے تھے۔ اُن کے لباس کی طرح وحشی تھے اور اُن کے اعتقاد کی طرح مضبوط تھے۔ یہ لوگ خوبصورت الفاظ میں مشاعروں کی تعریف نہیں کر سکتے تھے۔ جو خاموش تھے اور سن رہے تھے اور مکرر ارشاد نہ کہنے کے باوجود اُن کے چہروں کی آب اور ان کی آنکھوں کی چمک اور اُن کے ہونٹوں کی مسکراہٹ گویا کہہ رہی تھی ہم خوش ہیں۔ کیونکہ تم ہمارے ہو۔ ہم میں سے ایک ہو۔ ہماری خوشیوں اور غموں کے گیت گاتے ہو اور اپنے الفاظ کی حسین تصویروں میں ہمارے دکھ درد ڈھونڈتے ہو۔ تم ہماری برادری میں سے ہو۔ اُن انسانوں کا حق دوسرے انسان کے حق پر فائق نہیں سمجھا جاتا۔ آؤ' آؤ ہم تمہارا استقبال کرتے ہیں۔ چمکتی ہوئی آنکھوں سے خاموش کانپتے ہوئے ہونٹوں اور بھینچی ہوئی

مضبوط مٹھیوں سے خوش آمدید ساتھیوں اب تک تم ویرانے میں گھومتے رہے۔ آج تم گھر میں آئے ہو۔ ہمارے پاس حریری پردے نہیں، زندگی دیواریں ہیں سونے کی پلنگ نہیں پتھر کا فرش ہے۔ ہماری جیب خالی ہے لیکن دل آنسو سے معمور ہیں۔ محبت کے آنسو رفاقت کے آنسو"۔ ۲۲

کرشن چندر کے ان جذبات سے اندازہ ہوتا ہے کہ اُس عہد میں ادیب کمزروں اور مزدوروں کی حمایت کرر ہے تھے۔ اور انہیں ایک خوشحال زندگی کی آس دلا رہے تھے۔ اس طرح رپورتاژ پودے کا یہ باب ختم ہوتا ہے۔

واپسی :۔ رپورتاژ کے اس باب میں کرشن چندر نے واپسی کے عنوان سے ترقی پسند شعراء اور ادیبوں کی کانفرنس میں شرکت کے بعد حیدرآباد سے واپسی کا ذکر کیا ہے۔ ریلوے مزدور ان ادیبوں کیلئے ایک ڈبہ محفوظ کردیتے ہیں۔ کرشن چندر ایک مرتبہ پھر اسٹیشن پر غریب مزدوروں کے ہجوم کی تصویر کشی کرتے ہیں۔ دوسرف طرف اسٹیشن پر ایک قیمتی کار کی آمد اور اُس سے سر سلطان احمد کے اترنے کا منظر پیش کرتے ہیں۔ جو اپنے کسی عزیز کی شادی میں شرکت کیلئے آئے تھے۔ ٹرین کے پہلے درجہ کے ڈبہ میں دلہن روانہ ہونے والی تھی۔ اس کے جہیز میں دیا جانے والا قیمتی سامان بھی جارہا تھا۔ اس موقع پر ایک مرتبہ پھر کرشن چندر امیری اور غریبی کا تضاد پیش کرتے ہیں۔ چنانچہ وہ جذباتی انداز میں لکھتے ہیں کہ

"آؤ آؤ ساتھیوں دیکھو یہ سر سلطان احمد کا اسپیشل سیلون ہے۔ یہ تمہارا تھرڈ کلاس ڈبہ ہے۔ یہ ان کا سبز وردی میں ملبوس بیرا ہے۔ یہ پھٹے ہوئے کالروں والا علی سردار جعفری ہے۔ یہ اخروٹ کا میز ہے۔ جس پر کشمیر کے کاریگروں نے حسن پچی کاری کی ہے۔ وہ رفعت سروش کا بھورا بستر ہے۔ جس میں درجنوں پیوند لگے ہیں۔ یہ طلائی صراحی ہے وہ تانبے کالوٹا ہے۔ یہ کم خواب کی رضائی ہے۔ وہ

کھدر کی اوڑھنی ہے۔ یہ موت ہے وہ زندگی ہے۔ یہ ماضی
ہے وہ مستقبل ہے یہ اندھیرا ہے وہ اجالا ہے۔ ۲۳

ترقی پسند ادیبوں کے ساتھ یہ مسئلہ رہا تھا کہ وہ ہر بات کو اشتراکیت کی نگاہ سے دیکھتے تھے۔ اور جہاں کہیں دولت اور امارت دکھائی دیتی فوراً انہیں اپنی غربت کا احساس ہو جاتا۔ دولت کی مساوی تقسیم کی آرزو لئے یہ اشتراکیت کا پرچار کرنے والے نہیں جانتے تھے کہ ہندوستان میں جاگیرداری' سرمایہ داریت اور امیروں اور غریبوں کے درمیان واضح فرق پہلے سے ہی تھا۔ جسے یہ ادیب مٹانے کی ناکام کوشش کرتے رہے۔ اور اپنا سارا تخلیقی زور معاشی عدم توازن کو ختم کرنے کی کوشش میں صرف کر دیا۔ ان خیالات کے اظہار کے بعد کرشن چندر حال کی دنیا میں آجاتے ہیں۔ جبکہ گاڑی واپسی کے سفر پر روانہ ہونے لگتی ہے۔ ابراہیم جلیس اور دیگر میزبان ہاتھ ہلا ہلا کر ادیبوں کو وداع کرتے ہیں۔ محبوب حسین جگر اپنی بیمار بہن کو دیکھنے کی غرض سے اسی گاڑی سے سفر میں شامل ہو جاتے ہیں۔ اور اس طرح گاڑی حیدرآباد سے بمبئی کیلئے روانہ ہو جاتی ہے۔ شام کا وقت تھا۔ اور گاڑی آہستہ آہستہ روانہ ہو رہی تھی۔ کرشن چندر اپنے نظروں سے جو نظارہ دیکھ رہے تھے اُسے بیان کرنے لگتے ہیں۔ یہ نظارہ غربت کے مارے ہندوستان کا نظارہ تھا۔ یہ منظر بیان کرتے ہوئے کرشن چندر لکھتے ہیں کہ

"اسٹیشن کی عمارت بہت دور پیچھے رہ گئی تھی اور اب یہاں سطح مرتفع پر گارے کی بنی ہوئی جھونپڑیاں نظر آتی تھیں۔ ان پر کھپریل کی چھت تھی۔ سوکھا کی ماری ہوئی بھینسیں میدان میں کھڑی جگالی کر رہی تھیں۔ جوہڑوں میں بدبودار' غلیظ گہرا سبز پانی ٹھہرا ہوا تھا اور کہیں کہیں کھائیوں میں لوگ رفع حاجت کیلئے گاڑی کی طرف پیٹھ کئے بیٹھے تھے۔ بھیک منگوں کی آواز بار بار کانوں میں آرہی تھی۔ بابو صاحب پیسہ۔ بدھ کے وقت میں یہی ہندوستان تھا۔ اشوک کے عہد میں بھی یہی ہندوستان تھا۔ اور آج دو سو سال کی

انگریز حکومت کے بعد بھی اسی طرح گاڑی کی طرف پیٹھ کئے بیٹھے تھے۔ ۲۴

تھوڑی دیر بعد اندھیرا چھا جاتا ہے۔ ٹرین کے سفر میں ادیبوں کے ساتھ حیدرآباد سے محبوب حسین جگر بھی شامل ہو جاتے ہیں۔ جو اپنی بیمار بہن کو دیکھنے کیلئے اپنے گاؤں جا رہے تھے۔ وہ اپنی اور اپنی بہن سے متعلق پرانی یادیں دہراتے ہیں۔ کیفی اعظمی کوئی گیت گا رہے تھے۔ جس پر کرشن چندر نے جذباتی تبصرہ کیا۔ ساحر بھی اُن نغموں کا ذکر کرتے ہیں۔ جو انہوں نے اپنے محبوب کے پیار کی خاطر لکھے تھے۔ گاڑی کی رفتار تیز ہوتی ہے۔ ادیبوں کی یادیں بھی تیز ہو جاتی ہیں اور انہی یادوں کے ذکر کے ساتھ یہ باب ختم ہوتا ہے۔ اس باب میں کرشن چندر نے فنکاری کے ساتھ اسٹیشن کا ماحول زندگی کے اونچ نیچ اور ٹرین کے سفر کے دوران ہونے والی گفتگو پیش کی۔

منزل :۔ رپورتاژ ''پودے'' کا آخری حصہ منزل کے عنوان سے ہے۔ جس میں رات بھر کے سفر کے بعد حیدرآبادی اپنی منزل کیلئے واپس ہونے والے ادیبوں کے بمبئی پہنچنے کا حال بیان کیا ہے۔ درمیان میں ایک چھوٹے سے اسٹیشن پر جگر اتر جاتے ہیں۔ کرشن چندر نے اسٹیشن کا ذکر نہیں کیا۔ جگر اتر کر چلے جاتے ہیں۔ تب کرشن چندر جگر کی عظمت بیان کرتے ہیں کہ وہ زندگی بھر پیسہ جمع نہ ہونے کے سبب بہن کا علاج نہیں کرا سکے تھے۔ لیکن جب ان کے پاس دو سو روپئے جمع ہو گئے تو وہ بہن کا حیدرآباد میں علاج کرانا چاہتے تھے۔ لیکن یہ کانفرنس آ گئی تھی اور ترقی پسند تحریک کی حمایت کرنے والے محبوب حسین جگر نے بہن کے علاج کیلئے بڑی آرزو سے جمع کئے ہوئے یہ پیسے کانفرنس میں دے دیئے۔ ایک عظیم مقصد کیلئے اپنی ذاتی ضرورت کو قربان کرنے والے جگر کی تعریف کرتے ہوئے کرشن چندر لکھتے ہیں۔

''اُس نے یہ روپئے کانفرنس کیلئے دے دیئے اور اُس نے گاؤں گاؤں گھوم کر مخدوم کے ساتھ ہر جگہ جا کر چندہ اکٹھا کیا کسانوں سے، مزدوروں سے، طلباء سے، غریب لوگوں سے چندہ جمع کیا تاکہ کلچر زندہ رہے۔ اس کی بہن مر جائے لیکن تہذیب زندہ رہے۔ اُس کی بہن اچھی خوراک اور

> مناسب دوا نہ ملنے سے سسک سسک کر جان دے دے لیکن
> کتاب زندہ رہے۔ زبان زندہ رہے۔ قوم کی روح زندہ
> رہے۔ اُس کی پیاری پیاری املی کھانے والی، امرود توڑ کر
> چرا کر کھانے والی اُس کی بچپن کی ساتھی بہن مر جائے لیکن
> کالی داس زندہ رہے، غالب زندہ رہے۔ اقبال زندہ رہے۔
> پریم چند زندہ رہے۔ موت اُس کی بہن کے ہونٹوں کو یخ بستہ
> کر دے اور اُس کی آنکھوں کو بے نور کر دے لیکن زندگی اور
> اُس کا زندہ ادب اپنے نور سے اور اپنی حرارت سے اور اپنے
> ایمان سے لاکھوں دلوں کو روشن کر دے۔ ۲۵

کرشن چندر نے پودے کے ابتدائی حصہ میں جگر کی ناقص مہمان نوازی پر شدید غصہ کا اظہار کیا لیکن آخر انہیں بھرپور خراج عقیدت پیش کیا اور لکھا کہ کانفرنس کے دوران تین مرتبہ ان کی بہن کی بیماری کا تار آیا تھا اور پہلے تار کے موقع پر وہ اپنا مقالہ پڑھ رہے تھے۔ دوسرے تار کے موقع پر پریم چند سوسائٹی کے مہمان بن کر ڈنر کھا رہے تھے اور تیسرے تار کے موقع پر ادیب راجہ شام راج کے یہاں تھے۔ کرشن چندر کو احساس ہوتا ہے کہ جگر صاحب نے اپنی جان سے پیاری ہمشیرہ کی زندگی کا لہو دے کر ادب کو زندہ کر دیا تھا۔ چاروں طرف خون تھا اور اُن کے خیال میں قیمتی جہیز کا سامان اس خون میں ڈوب گیا تھا۔ کرشن چند ایک قلم کار تھے۔ جب وہ حقیقی زندگی میں ایک امیر نواب کی امارت سے مرعوب ہو گئے تھے اور انہیں اپنی اور عوام کی غریبی کا احساس تھا۔ اب وہ جگر صاحب کی عظیم قربانی پیش کرتے ہوئے دولت کو نیچا دکھا رہے تھے۔ آخر میں وہ ایک بنگالی گیت کا اظہار کرتے ہیں۔ اس طرح ترقی پسندوں کی جیت اور کانفرنس کی کامیابی کا اعلان کرتے ہوئے کرشن چندر رپورتاژ پودے کو اُس کے انجام تک پہنچا دیتے ہیں۔ اور یہ رپورتاژ کرشن چندر کی فنکاری اور رپورتاژ نگاری کی اعلیٰ خصوصیات کے ساتھ انجام کو پہونچتا ہے۔ اور قاری بھی اس رپورتاژ کے مطالعے کے دوران اپنے آپ کو اس کانفرنس میں شریک محسوس کرتا ہے۔ اگر وہ غریب ہے تو وہ کرشن چندر کی تعریف کرے گا کہ اس رپورتاژ میں کرشن چندر نے

ہندوستان کی غربت کے بیان اور غریبوں کی حمایت کا ذکر کرتے ہوئے ان سے اظہار ہمدردی کی تھی۔اور اگر کوئی قاری دولت مند ہے تو اسے احساس ہوگا کہ غریب کے جذبات کیا ہوتے ہیں اور غربت کا دکھ درد کیا ہوتا ہے۔ یہ رپورتاژ حیدرآباد میں ترقی پسند کانفرنس کی روداد اور بمبئی تا حیدرآباد ٹرین کے سفر کا آنکھوں دیکھا حال ہے۔ درمیان میں کرشن چندر کے ترقی پسند خیالات اور ترقی پسندوں کے بارے میں کرشن چندر کی تعارفی باتوں سے رپورتاژ کی ادبی شان بڑھ جاتی ہے۔

حواشی

۱۔ سجاد ظہیر۔ پودے۔ص ۹۔۸
۲۔ سجاد ظہیر۔ پودے۔ص ۱۱۔۱۰
۳۔ کرشن چندر۔ پودے ''پیش لفظ''۔ص۔۱۴۔۱۳
۴۔ کرشن چندر۔ پودے ''پیش لفظ''۔ص۔۱۴
۵۔ کرشن چندر۔ پودے ''پیش لفظ''۔ص۔۱۵
۶۔ کرشن چندر۔ پودے ''پیش لفظ''۔ص۔۱۷
۷۔ کرشن چندر۔ پودے ''پیش لفظ''۔ص۔۲۰
۸۔ کرشن چندر۔ پودے ''پیش لفظ''۔ص۔۳۲۔۳۱
۹۔ ڈاکٹر خلیل الرحمٰن اعظمی۔ ''اردو میں ترقی پسند ادبی تحریک''۔ص ۲۸۱
۱۰۔ کرشن چندر۔ پودے۔ص۔۳۷۔۳۶
۱۱۔ کرشن چندر۔ پودے۔ص۔۳۷
۱۲۔ کرشن چندر۔ پودے۔ص۔۳۵
۱۳۔ کرشن چندر۔ پودے۔ص۔۴۲۔۴۱
۱۴۔ کرشن چندر۔ پودے۔ص۔۴۴
۱۵۔ کرشن چندر۔ پودے۔ص۔۴۷

۱۶۔   کرشن چندر۔ پودے۔ ص۔ ۵۱۔۵۰

۱۷۔   کرشن چندر۔ پودے۔ ص۔ ۶۱۔۶۰

۱۸۔   کرشن چندر۔ پودے۔ ص۔ ۷۳۔۷۲

۱۹۔   کرشن چندر۔ پودے۔ ص۔ ۸۸۔۸۷

۲۰۔   کرشن چندر۔ پودے۔ ص۔ ۸۹۔۸۸

۲۱۔   کرشن چندر۔ پودے۔ ص۔ ۱۲۱

۲۲۔   کرشن چندر۔ پودے۔ ص۔ ۱۲۲۔۱۲۱

۲۳۔   کرشن چندر۔ پودے۔ ص۔ ۱۲۸

۲۴۔   کرشن چندر۔ پودے۔ ص۔ ۱۳۱۔۱۳۰

۲۵۔   کرشن چندر۔ پودے۔ ص۔ ۱۴۱

☆ چوتھا باب

رپورتاژ "پودے" کا فنی جائزہ

اردو ادب کا پہلا با قاعدہ رپورتاژ کرشن چندر کا "پودے" ہے جو انہوں نے حیدرآباد دکن میں 1945ء میں منعقدہ ترقی پسند مصنفین کی کانفرنس کی یاد میں 1947ء میں لکھا۔اس کے بعد ترقی پسندوں نے اس صنف کو آگے بڑھایا۔ 1947 کے واقعات نے رپورتاژ نگاری کے ارتقاء میں اہم کردار ادا کیا۔

کرشن چندر کا شمار اردو کے بہترین افسانہ نگاروں میں ہوتا ہے ان کے ناول بھی اپنی انفرادیت اور اہمیت رکھتے ہیں۔ ان کی نظریاتی وابستگی ترقی پسند تحریک سے تھی۔ اس تحریک کا آغاز رومانیت کے ردعمل میں ہوا۔ اس تحریک کے ادیبوں نے عام آدمی کی بات کی اور ادب کو زندگی کے نزدیک کرنے کی کوشش کی۔ "پودے" کل ہند ادبی کانفرنس کی روداد ہے جو ترقی پسندوں کے منشور کو سامنے لانے کے لیے منعقد کی گئی تھی۔ اس میں ٹرین کا سفر، وہاں قیام کا بیان، مقالے پڑھنے کی کہانی اور واپسی کا سفر شامل ہیں۔

پودے کا مقام : پودے "رپورتاژ" کی پہلی با قاعدہ شکل اپنی ہیئت، ضخامت اور تکنیک، اسلوب اور تخیلاتی انداز بیان کی وجہ سے ایک معیار کی حیثیت کا حامل ہے۔ حیدر آباد میں منعقد ہونے والی اس کل ہند ادبی کانفرنس کی روداد پر ایک افسانہ، ناول یا ڈرامہ نہیں لکھا جا سکتا تھا۔ لیکن اس کو دستاویزی شکل میں محفوظ کرنے کے لیے کرشن چندر نے شعوری طور پر رپورتاژ نگاری کو اختیار کیا۔ ہنگامی حالات و واقعات میں انھوں نے شاعرانہ صداقت اور خوبصورتی پیدا کی اور اس

طرح ادب کی دوامی قدروں کو پیدا کیا۔اس رپوتاژ کے دیباچے میں کرشن چندر کی نظریاتی وابستگی نظر آتی ہے۔ جبکہ پودے کے متن میں ایسا نظر نہیں آتا۔یعنی پودے کو انھوں نے دوامی قدریں بخشنے کی کوشش کی ہے۔

دیباچہ:۔اس کتاب کا دیباچہ اپنی نوعیت کا منفرد اور ادبی اسلوب و چاشنی کا حامل ہے۔ابتداء ہی کچھ ایسی ایمائیت اور اشاریت کے ساتھ ہوتی ہے کہ قاری کی پوری توجہ اپنی طرف کھینچ لیتی ہے۔کرشن چندر لکھتے ہیں:

> ''کیسی سخت ہوگی وہ زمین جہاں دس سال کی مسلسل عرق ریزی کے بعد پودے اُگیں۔اور کیسا سخت جان ہوگا وہ بیج جس نے دس سال تک مٹی، دھول، کیچڑ میں لت پت ہونے کے باوجود ارتقاء کی طاقت ضائع نہ ہونے دی یہاں تک کہ اس کا سینہ چاک ہوا اور اس میں سے نئی زندگی کی نرم و نازک و ریشمیں سبز کونپلیں پھوٹ پڑیں۔''[1]

ترقی پسند تحریک کو شروع ہوئے دس سال ہوئے 1936ء سے 1946ء تک کے دس سالوں میں جن مصنفین نے اس تحریک کو تخلیقی توانائی دی کرشن چندر نے ان کی تصویر کشی نہایت عمدگی سے کی ہے۔ پھر ایک ڈرامائی کیفیت کا آغاز ہوتا ہے ہر کردار کی مکمل شکل سامنے آتی ہے اور ٹرین کا ایک دلچسپ سفر شروع ہوتا ہے۔کرشن چندر نے اس رپورتاژ میں خود اپنی ذات کو بھی ایک کردار کی صورت میں ابھارا ہے۔اور ہلکے طنز و مزاح سے کام لیا ہے۔اس رپورتاژ میں ایک افسانے، ڈرامے اور کہانی کا لطف ہے۔اس میں مکالمے، کردار نگاری، منظر نگاری، جزئیات نگاری اور افسانوی انداز بیان سبھی کچھ موجود ہے۔مزدروں کسانوں کی باتیں، معاشرتی اور معاشی تضادات سے انھوں نے ایک مرتب پلاٹ بنایا ہے۔

پلاٹ: بظاہر یوں معلوم ہوتا ہے کہ یہ رپورتاژ بغیر پلاٹ کے لکھا گیا ہے اور خود کرشن چندر نے بھی لکھا ہے کہ میرے افسانوں کی طرح یہ رپورتاژ بھی منتشر اور غیر مرتب ہیں لیکن ہر فنکار کے ذہن میں ایک مرتب تصویر موجود ہوتی ہے۔اس رپورتاژ کی ابتداء ارتقاء اور اختتام سوچا سمجھا اور

پہلے سے طے شدہ ہے۔ کیونکہ دوران سفر تو صرف نوٹس لینے پر اکتفا کیا گیا ہوگا یا خود کرشن چندر اس قدر ذہین تھے کہ انہوں نے اپنی یادداشت کے سہارے تمام باتوں کو یکجا کرلیا۔ اور جب اسے رپورتاژ کی ایک شکل دی گئی تو مربوط ور منظّم بنایا گیا۔ یہی وجہ ہے کہ قاری کے دل و دماغ پر اس کا اثر بھی نہایت مرتب اور گہرا ہے۔ اور غیر مربوط ہونے کے باوجود اس میں ایک پلاٹ دکھائی دیتا ہے۔ افسانہ کی طرح اس میں خیالی باتیں تو نہیں ہوتیں۔ لیکن واقعات کا ترتیب سے بیان بھی افسانے یا ناول کی طرح رپورتاژ کے ایک اچھے پلاٹ کی اہم ضرورت ہے۔

پیش لفظ:۔ رپورتاژ کی منظّم اور مربوط رکھنے کی خوبی کو ممتاز شیریں نے ایک جگہ خامی قرار دیا ہے۔ اُن کے خیال میں کرشن چندر نے محض افسانوی زیب داستان سے کام لیا ہے۔ لیکن اس اعتراض کی بنیادی وجہ ممتاز شیریں کا ادب برائے فن کے نظریے سے وابستہ رہنا ہے۔ جب کہ کرشن چندر ادب برائے زندگی کے قائل ہیں۔ اور کرشن چندر نے اس رپورتاژ کے پیش لفظ میں ادب برائے فن کے پجاریوں پر کڑی تنقید کرتے ہوئے اپنی الگ راہ متعین کر لیتے ہیں۔ وہ لکھتے ہیں:

> ان سب زندہ حقیقتوں سے پرے جا کر جن میں زندگی کی خوشیاں، زندگی کا کرب اور اس کا بیکراں درد چھپا ہوا ہے ان سے بھاگ کر خالی خولی اپنے ذہن کے تاریک گھروندے میں چھپ کر ہم کس طرح اس ادب کی تخلیق کر سکتے ہیں جو انسان کے لیے معراج مسرت ہے اور اس کی آرزوؤں اور تمناؤں کا منبع ہے؟؟ زندگی سے بھاگ کر نہیں بلکہ اس بے قرار ہر دم بدلتی زندگی کے درمیان کھڑے ہو کر اس کی کشاکش اور کشمکش میں حصہ لے کر ہی ہم سچائی اور حسن اور خوب صورتی کی ترتیب و تواتر سے آگاہ ہو سکتے ہیں۔'' [۲]

واقعات نگاری: ''پودے'' کی ایک اہم خصوصیت اس کی واقعات نگاری ہے۔ کرشن چندر اس رپورتاژ میں حیدر آباد کی کانفرنس کا حال بیان کر رہے ہیں۔ لیکن چونکہ اس رپورتاژ میں

ادیبوں کا بمبئی سے حیدرآباد سفر اور حیدرآباد میں چار دن قیام اور مختلف اجلاسوں میں شرکت اور گھر پر آرام وغیرہ کے واقعات کو کرشن چندر نے اپنے مخصوص انداز میں پیش کرتے ہوئے رپورتاژ میں دلچسپی پیدا کی ہے۔ بوری بندر ریلوے اسٹیشن پر ادیبوں کی آمد' ٹرین میں کرشن چندر کا ادیبوں کو سنگترے تقسیم کرنا' مزدور کا سگریٹ پیش کرنا' حیدرآباد اسٹیشن پر ادیبوں کی آمد' ابراہیم جلیس' جگر صاحب اور دیگر کی جانب سے خیر مقدم' مہمانوں کا ایک عمارت میں ٹھہرانا' کرشن چندر کا انتظامات پر برہمی کا اظہار' کانفرنس کے اجلاس کی روداد' راجہ کی دعوت میں ادیبوں کی شرکت اور دیگر واقعات اس رپورتاژ میں قاری کے لئے دلچسپی پیدا کرتے ہیں۔ اور کرشن چندر نے واقعات کو بیان کرتے ہوئے رپورتاژ میں رنگ پیدا کیا ہے۔ رپورتاژ کے واقعاتی نظام کا تجزیہ کرتے ہوئے ڈاکٹر ایس ایم زیڈ گوہر لکھتے ہیں:

> ''رپورتاژ کا واقعاتی ماحول رپورتاژ نگار کی داخلی دنیا کی عکاسی نہیں کرتا۔ رپورتاژ نگار کے گردو پیش کے خارجی حالات ومسائل اسے موضوعات فراہم کرتے ہیں خارجی دنیا میں رونما ہونے والے واقعات حادثات اور سانحات سے وہ اپنا موضوع تحریر اخذ کرتا ہے۔ اور اسے ہو بہو قلمبند کرنے کی کاوش کرتا ہے۔ چونکہ ہر واقعہ' حادثہ یا سانحہ اپنا کوئی نہ کوئی مکانی پس منظر رکھتا ہے۔ اس لئے رپورتاژ نگار اپنے موضوع تحریر سے وابستہ مکانی خطوں اور زمانی لہروں کو بھی پوری صفائی اور چابکدستی کے ساتھ پیش کر دیتا ہے۔ رپورتاژ میں پیش کیے جانے والے اشخاص رپورتاژ نگار کی فکر ونظر کے اثرات سے محفوظ ہوتے ہیں۔'' [۳]

کرشن چندر نے اس رپورتاژ میں جو چند واقعات پیش کئے ہیں وہ ''اجلاس'' کے زیر عنوان باب میں پیش کئے ہیں۔ لیکن قاری کو واقعات کی تفصیلات کے ضمن میں تجسس ہی ملتا ہے۔ انہوں نے جس موضوع یعنی کانفرنس کے احوال لکھنے کے لئے یہ رپورتاژ لکھا۔ اس کانفرنس کی روداد اور

واقعات کا تفصیلی بیان نہیں کیا۔ قاری کو یہ نہیں معلوم ہوتا کہ حیدر آباد میں کانفرنس کن تواریخ میں کس مقام پر ہوئی۔ کانفرنس کے کتنے اجلاس ہوئے۔ ہر اجلاس کی صدارت کس نے کی۔ اور یہ کہ ان اجلاسوں کے مقررین کون تھے۔ کرشن چندر نے اپنی شخصیت کو ہی اس رپورتاژ میں زیادہ اجاگر کیا ہے۔ اور ان کے مد مقابل موجود بڑے بڑے ترقی پسندوں علی سردار جعفری، کیفی اعظمی، سجاد ظہیر وغیرہ کو زیادہ اہمیت نہیں دی۔ کرشن چندر کی خود نمائی ایسے ظاہر ہوتی ہے کہ وہ جب مقالہ شروع کرتے ہیں تو سبطے ہونٹوں پر انگلی رکھتے ہوئے سردار جعفری سے کہتے ہیں کہ سنو کرشن مقالہ پڑھ رہا ہے۔ پھر اس کے بعد کرشن چندر اپنا مقالہ سنانے کے دوران ہال کا منظر بیان کرنے لگتے ہیں۔ کرشن چندر یہ منظر یوں بیان کرتے ہیں۔

''جب مقالہ نگار نے مراکو سے لے کر جاوا تک کے آزادی پسندوں کی تحریک کا ذکر کیا تو ہال نعروں سے گونج اٹھا اور جب ادب میں اشتراکیت کا ذکر آیا۔ انسانیت کا ذکر آیا۔ ایک بہترین نظام زندگی کا ذکر آیا۔ عشق کی انقلابی ماہیت کا ذکر آیا۔ اور اُن طبقوں کا ذکر آیا جن پر ہمارے ادب کے دروازے ابھی تک بند ہیں تو سامعین کے دلوں کے تار جھنجھنا اٹھے جیسے اس مقالہ میں وہ لوگ خود بول رہے تھے۔ پہلے روز بھی یہ ہوا دوسرے روز بھی یہ ہوا۔ تیسرے اور چوتھے روز بھی یہی ہوا۔ [۴]''

اس اقتباس سے صاف ظاہر ہوتا ہے کہ کرشن چندر پر خود نمائی کا بھوت سوار تھا اور جذبات کی رو میں بہہ کر انھوں نے اپنا بیان کچھ زیادہ ہی کر دیا اتنا زیادہ کیا کہ لوگوں کو نکتہ چینی کا موقع مل گیا۔ کرشن چندر کے اس انداز پر تنقید کرتے ہوئے ڈاکٹر ایس ایم زیڈ گوہر لکھتے ہیں:

''یہاں پر ایسا محسوس ہوتا ہے کہ کانفرنس ترقی پسند مصنفین کی نہیں تھی۔ کرشن چندر کے شائقین کا اجتماع تھا۔ وہ مقالے پڑھ رہے تھے۔ اور پانچ ہزار آدمی دم بخود سنتے

رہے۔ نہ کسی کی اپنی فکر و بصیرت تھی اور نہ کسی کے منہ میں
زبان تھی۔ مراکو سے جاوا تک کے حریت پسندوں کی تاریخ
صرف کرشن چندر نے بیان کی اور ہال تحسین و آفرین کے
نعروں سے گونج اٹھا۔ ٹھیک کسی مذہبی جلسے کا منظر یہاں
دکھائی دیتا ہے۔ نہ غور و فکر کی دعوت نہ بحث و مباحثہ ہے کرشن
چندر پڑھتے رہے اور پانچ ہزار آدمی چپ چاپ بت بنے
سنتے رہے چاروں دن یہی ہوا۔ اس کے بعد کانفرنس ختم۔ ۵

اردو کے نقادوں نے کرشن چندر پر نکتہ چینی کرنے میں کچھ کمی نہیں کی۔ جب اردو کے ادیب حیدرآباد پہونچتے ہیں تو وہ حیدرآباد کے شہرہ آفاق لاڈ بازار کا دورہ کرتے ہیں۔ حقیقت یہ ہے کہ باہر کی دنیا سے آنے والا ہر نیا انسان حیدرآباد آتا ہے تو وہ لاڈ بازار اور چارمینار کا ضرور دورہ کرتا ہے۔ اور اپنے گھر والوں کے لئے چوڑیاں اور پرانے شہر حیدرآباد میں ملنے والی بعض مخصوص چیزیں ضرور خریدتا ہے۔ اور حقیقت بھی یہ ہے کہ لوگ جب حیدرآباد والوں سے پوچھتے ہیں کہ یہاں کی خاص بات کیا ہے تو اکثر لوگ چارمینار اور لاڈ بازار کہتے ہیں۔ کچھ یہی حال ان ترقی پسند مصنفین کا بھی رہا۔ اور کرشن چندر نے اس رپورتاژ میں ادیبوں کے لاڈ بازار جانے کا ذکر کر دیا۔ اس بات کو لے کر اردو کے چند نقادوں نے کافی لے دے کر دی۔ اس ضمن میں ممتاز شیریں کی تنقید ملاحظہ ہو :

"پودے میں اسٹنٹ فلموں کی سی بات ہے۔ سستی
جذباتیت، سستا مزاح، سرکس کے مسخروں کے سے کردار اور
پھر مرکزی کردار کو پیشہ ور ویلین بنانے کی پوری کوشش کے
بعد اچانک اچھال کر راتوں رات ہیرو بنا دیا گیا ہے۔ رنگ
آمیزی کے لئے ڈیڑھ صفحے کی شفق کی منظر کشی ہے۔ محبوباؤں
کے لئے مرادآبادی پاندان اور پھولوں کے گجرے خریدے
جا رہے ہیں سرد آہیں بھری جا رہی ہیں۔ اور یہ رپورتاژ ہے"

ادیبوں کی ایک کل ہند کانفرنس کے متعلق۔ادیبوں کی یہ کل ہند کانفرنس اکتوبر 1945ء میں حیدرآباد میں منعقد ہوئی تھی۔''٦

ممتاز شیریں کی تنقید عصر حاضر کے تناظر میں بجا کہی جاسکتی ہے۔لیکن جس وقت کرشن چندراوران کے ساتھی حیدرآباد گئے تھےاس وقت کے اعتبار سے ان کے لئے حیدرآباد بھی نیا تھا اور حیدرآبادی اشیا بھی۔اور کرشن چندر کو یہ ضروری نہیں تھا کہ وہ کسی نقاد کے بندھے ٹکے اصولوں کے تحت ہی رپورتاژ یا اپنا کوئی ناول لکھتے۔ہاں اتنا ضرور کہا جاسکتا ہے کہ جہاں ترقی پسندی جیسے سنجیدہ موضوع پر بات ہورہی ہواور کرشن چندر جانتے تھےاوراس کا اظہارانہوں نے جگر صاحب کی قربانیوں کے بیان میں کردیا کہ ترقی پسند کس عظیم مقصد کے لئے جمع ہوئے تھےلیکن شائد کرشن چندر اپنے مزاج سے مجبور تھے کہ انہوں نے دوران گفتگواور رپورتاژ میں عورت اور گجرے وغیرہ کا ذکر کردیا۔اورنقادوں کے لئے تنقیداورنکتہ چینی کا موقع فراہم کردیا۔رپورتاژ کا یہ پہلو آج کی تنقید کے اعتبار سے کمزورلگتا ہےاوراصل موضوع سے ہٹا ہوا لگتا ہے۔

جزئیات نگاری: ۔کرشن چندرکوتخلیقی توانائی پوری طرح نصیب تھی۔اس رپورتاژ کا اسلوب بھی ان کے رومانی اسلوب سے بھر پور ہے۔ان کے اسلوب پر جورومانیت چھائی رہتی ہے اسے وہ اپنے نظریات سے متوازن کرلیتے ہیں پھران کی تلخ بات تلخ نہیں لگتی وہ بنیادی طور پر جزئیات نگار ہیں چھوٹی چھوٹی تفاصیل سے تصویر کشی کرتے ہیں جس طرح بچے مختلف ٹکڑوں کی مدد سے تصویر بناتے ہیں بالکل اسی طرح وہ ایک پورا منظر،مکمل نقشہ،آنکھوں کے سامنے کھینچنے پر قادر ہیں۔رپورتاژ مختلف عنوانات کے تحت چھوٹی چھوٹی جزئیات کے ساتھ پیش ہوتا ہے۔پہلا حصہ ''بوری بندر'' کہلایا پھر''گاڑی میں''''حیدرآباد سٹیشن''''حیدرگوڑہ''''اجلاس''''بطخوں کے ساتھ شام''پھر''واپسی''اور''منزل''اس رپورتاژ کو کچھ اس طرح تقسیم کیا گیا ہے کہ پہلے حصہ میں کرشن چندر نے خود کو بوری بندر کے اسٹیشن پر دیر سے پہنچتے ہوئے دکھایا ہے۔اور ایک ڈرامائی کیفیت پیدا کرتے ہوئے یہ دکھانے کی کوشش کی ہے کہ سب لوگ وہاں کرشن چندر کے دیر سے آنے پرنالاں ہیں۔

شخصیت نگاری:۔ اس موقع پر سجاد ظہیر کا تعارف اور ان کی حلیہ نگاری بھی موجود ہے اس سلسلہ میں کرشن چندر کا قلم جادوائی کمال دکھا سکتا ہے۔ وہ شخصیت کا احاطہ یوں کرتے ہیں کہ وہ جیتی جاگتی دکھائی دیتی ہے انھوں نے اپنا زورِ قلم خاکہ نگاری میں نہیں آزمایا ورنہ وہ اس فن میں بھی یکتا ہوتے۔ سجاد ظہیر کی بظاہر روکھی پھیکی شخصیت کو مسکراہٹ کتنا حسین بنا دیتی ہے اس کی تصویر ملاحظہ ہو:

> ''لیکن جب وہ مسکراتے ہیں تو ذہانت بے نقاب ہو جاتی ہے تبسم ہے کہ ہنستا ہوا کنول ہے، شوخ ہے، خوبصورت ہے، دل کش ہے۔ نور کا فوارہ ہے۔ تخیل کا کوندا ہے۔ ذہانت کی لہر ہے، اڈی ہوئی، بل کھاتی ہوئی' آگے بڑھتی ہوئی، ہیجانی، سیلابی، طوفانی چشم زدن میں ایک سیدھے سادے، موٹے روکھے چہرے کو سرسبز و شاداب بنا دیتی ہے۔'' 7

سجاد ظہیر کے علاوہ کرشن چندر نے ''پودے'' میں مختلف ادیبوں اور شاعروں کے حلیے اور تعارف اپنے انداز میں پیش کیے ہیں۔ ذیل میں ان ادیبوں کے بارے میں کرشن چندر کا بیان ملاحظہ ہو۔

علی سردار جعفری:

> دفعتاً علی سردار جعفری سر پر آن کھڑے ہوئے۔ ان کی بے کریز پتلون' بڑھے ہوئے بال اور گھونسہ مار کہ چہرہ بڑے بڑے جغادری ادیبوں پر رعشہ طاری کر دیتا ہے۔ 8

کیفی اعظمی:

> کیفی اعظمی نے اپنی ہیئت ایک چرس پینے والے فقیر کی سی بنا رکھی تھی۔ وہ ایک بوسیدہ کمبل اوڑھے ہوئے کھڑکی سے پیٹھ لگائے آنکھیں بند کیے اونگھ رہے تھے۔ 9

ملک راج آنند' سجاد ظہیر:

ادیبوں کے کاہن ملک راج آنند اور سجاد ظہیر آمنے سامنے بیٹھے تھے۔ دونوں براق کھدر میں ملبوس تھے۔ سجاد ظہیر کے کھدر کا رنگ سپید تھا۔ تو ملک راج آنند کا رنگ جوگیا تھا۔ لباس دونوں کا وہی تھا وہی ٹوپی وہی جواہر جیکٹ وہی پائجامہ ملک راج آنند کے منہ میں پائپ تھا تو سجاد ظہیر کے لبوں پر تبسم۔ ۱۰؎

قدوس صہبائی:

قدوس صہبائی مدیر نظام تکیئے کا سہارا لیے منہ میں یوکلپٹس کی گولی ڈالے دونوں ٹانگیں سکیڑے اس طرح بیٹھے تھے گویا پرانی بواسیر کے شکار ہیں۔ ۱۱؎

جگر حیدرآبادی:

معمولی قد و قامت کا بے ڈول سا انسان چہرے پر ایک لا یعنی بے مطلب تبسم، پراسرار تبسم نہیں کہ جسے آدمی نہ سمجھ سکے۔ بلکہ ایسا تبسم جو اپنی تفسیر میں کسی طرح اسم مہمل نہ پڑھ سکے۔ بے حد روکھا پھیکا چہرہ نہ لبوں پر چمک نہ آنکھوں میں ذہانت نہ پیشانی پر نور چپ چاپ گم سم مٹی کا مادھو چہرے کا رنگ پیلا نہیں مٹیالا نہیں خاکستری نہیں کچھ سبز بالکل مینڈک جیسا۔ ۱۲؎

قاضی عبدالغفار:

قاضی عبدالغفار کی شخصیت پر متانت کا ایک دبیز پردہ پڑا ہوا ہے۔ لیکن اتنا دبیز بھی نہیں کہ ان کی جبلی خوش طبعی اس متانت کے اندر سے جھلک نہ اٹھے۔ متانت ہے لیکن بوجھل نہیں ہے۔ خوش طبعی ہے۔ لیکن کھل کر نہیں ہے۔ ایسا معلوم

ہوتا ہے کسی چیز نے کسی خاص واقعے نے ایک کسی خاص ماحول نے ان کے ذہن کے ان کی فکر کے صلاحیت کے دو ٹکڑے کر دئے ہیں۔ وہ اس پر بھی مجبور ہیں۔ اس پر بھی دونوں رنگ ایک ہی شخصیت میں جھلکتے نظر آتے ہیں۔ پیرس کی رنگینی بھی ہے۔ عالمانہ زہد بھی ہے شگفتہ انشا پردازی بھی ہے۔ اور فکری ٹھہراؤ بھی۔ لباس میں امارت کی جھلک ہے۔ اور گفتگو میں حلم کی چاشنی۔ تیور جا گیر دارانہ ہیں اور ذہن باغیانہ۔"۱۳

اردو کے ادیبوں کے بارے میں کرشن چندر کی پودے میں کی گئی اس سراپا نگاری سے اندازہ ہوتا ہے کہ کرشن چندر نے حقیقت نگاری سے زیادہ اپنی مرضی دکھائی ہے۔ اور ان پر ترقی پسندی کا بھوت اس قدر سوار تھا کہ وہ ادیبوں کو بے یار و مددگار لاچار اور غریب محسوس کرتے ہیں۔ ان پر فلمی دنیا کی دولت کی چمک دمک اس قدر چھائی ہوئی تھی کہ وہ اردو کے ادیبوں کو خاطر میں ہی نہیں لاتے۔ کرشن چندر کے اس من مانی انداز پر تبصرہ کرتے ہوئے ڈاکٹر ایس ایم زیڈ گوہر لکھتے ہیں۔

"یہ شخصی تعارفات سنجیدہ اور ایک خاص مقصد کے لئے فکر مند اشخاص کے نہیں۔ مسخروں اور کارٹونوں کے تعارف معلوم ہوتے ہیں۔ شخصی تعارفات میں جگر حیدر آبادی اور قاضی عبدالغفار کی شخصیتوں کی پیشکش واقعی اہم اور دلچسپ ہے۔ بلکہ جگر کی شخصیت نگاری بھی منفی رخ اختیار کر گئی ہے۔ البتہ قاضی صاحب محفوظ ہیں۔ ان کی شخصیت پوری طرح سامنے آ جاتی ہے۔"۱۴

افسانوی انداز: رپورتاژ میں کچھ قلمی تصویریں دوسرے حصے یعنی "گاڑی میں" موجود ہیں۔ یہ حصہ انتہائی دلچسپ ہے اور قاری کو مجبور کرتا ہے کہ وہ اس رپورتاژ کو پڑھتا جائے۔ گاڑی میں ہماری ملاقات سید سجاد ظہیر، ڈاکٹر ملک راج آنند، مدن گوپال، سبط حسن، اوپندر ناتھ، علی

سردار جعفری، رفعت سروش، قدوس صہبائی، عادل رشید، کرشن چندر اور کیفی اعظمی سے ہوتی ہے۔ ہر ایک کا حلیہ، چہرہ حرکات وسکنات پوری طرح ہمارے سامنے آجاتی ہیں۔ یہ ملاقات اگرچہ کرشن چندر کے ذریعے ہوتی ہے لیکن قاری خود کو گاڑی میں محسوس کرتا ہے۔ اور سمجھتا ہے کہ ان سب کے درمیان بیٹھا ہے، گاڑی میں مزدور، پارسی تاجر، پارسی لڑکی سب موجود ہیں اور کرشن چندر نے ان سب کا تذکرہ پوری توجہ سے کیا ہے۔ اس حصہ میں افسانوی انداز بھی ان کے قلم پر غالب رہتا ہے وہ لکھتے ہیں:

> ''ایک خوبصورت ایرانی عورت اپنے خاوند کو الوداع کہہ رہی تھی۔ ایک پارسی لڑکی قوس قزحی ساڑھی پہنے دوسرے درجے میں کھڑی رومال ہلا رہی تھی اور اس کا محبوب پیار بھری نگاہوں سے اُسے تکتا گیا اور گاڑی آہستہ آہستہ چلتی گئی۔''[۱۵]

منظر نگاری:۔ حیدر آباد سٹیشن والے حصہ میں منظر نگاری اپنی پوری توانائی کے ساتھ موجود ہے۔ یہاں کرشن چندر گاڑی سے باہر مناظر اور اندر کے نقشے کو پوری کامیابی سے بیان کرنے پر قادر رہے ہیں۔ گاڑی کے اندر ایک اندھے بھکاری کی آمد پر جو تصویر سامنے آتی ہے وہ کچھ یوں ہے کہ

> ''پہلے وہ نعت گا کر مسلمان مسافروں سے پیسے وصول کرتا ہے پھر ''مرلی والے گھنشام'' گاتا ہے تو صرف ہندو مسافر اسے پیسے دیتے ہیں۔ اور کرشن چندر کو یوں محسوس ہوتا ہے گویا گاڑی کے ڈبے میں اک گہری خلیج حائل ہوتی جا رہی ہے دو قوموں کے درمیان، دو نظریوں کے درمیان، دو زندگیوں کے درمیان، جیسے کوئی سویا ہوا احساسِ نفرت یکا یک بیدار ہو گیا۔''[۱۶]

اس طرح کرشن چندر نے اس وقت کی سیاسی فضا کی مکمل نشاندہی بھی کی ہے اور ساتھ ہی ساتھ ہندوؤں اور مسلمانوں کے سماجی برتاؤ کا بھی ذکر کیا ہے۔ کرشن چندر نے روانگی کی طرح

واپسی کے وقت بھی ٹرین کے سفر میں منظر نگاری بہت اچھی کی ہے۔ ہر انسان کی طرح وہ بھی چلتی ٹرین سے باہر کے نظارے کرتے ہیں۔لیکن عام آدمی کچھ اور ہی دیکھتا ہے اور ایک افسانہ نگار اور تخلیق کار کچھ اور ہی دیکھتا ہے۔ واپسی کے وقت ٹرین کے باہر کا منظر بیان کرتے ہوئے کرشن چندر لکھتے ہیں:

> ''اسٹیشن کی عمارت بہت دور پیچھے رہ گئی تھی۔ اور اب یہاں سطح مرتفع پر گارے کی بنی ہوئی جھونپڑیاں نظر آتی تھیں۔ ان پر کھپریل کی چھت تھی۔ سوکھیا کی ماری ہوئی بھینسیں میدان میں کھڑی جگالی کر رہی تھیں۔ اور سور نیاں اور سور آس پاس چر رہے تھے۔اور اتنی دور سے وہ بھی بھینس کے بچے معلوم ہوتے تھے۔ جوہڑوں میں بدبو اور غلیظ گہرا سبز پانی ٹھہرا ہوا تھا۔اور کہیں کہیں کھائیوں میں لوگ رفع حاجت کے لئے گاڑی کی طرف پیٹھ کئے بیٹھے تھے۔ بھک منگوں کی آواز بار بار کانوں میں آ رہی تھی۔ بابو صاحب پیسہ۔ بدھ کے وقت میں یہی ہندوستان تھا۔ یہی غلیظ جوہڑ یہی گارے کی جھونپڑیاں' یہی بھیک منگے' اشوک کے عہد میں بھی یہی ہندوستان تھا۔ اکبر کے عہد میں بھی یہی اور آج دو سو سال کی انگریزی حکومت کے بعد بھی لوگ اسی طرح گاڑی کی طرف پیٹھ کئے بیٹھے تھے۔'' [۱۷]

پکچر گیلری:۔ یہ رپورتاژ ایک پکچر گیلری بھی ہے۔اس رپورتاژ میں خاکے ہی خاکے ہیں ایک پوری پکچر گیلری ہے جسے کرشن چندر جیسے مصور نے چھوٹی بڑی قلمی تصویروں سے سجایا ہے۔ کرشن چندر نے بخشا کسی کو نہیں ہے۔ زبانی گفتگو میں وہ اتنا طرار نہیں مگر قلم ہاتھ میں آتے ہی اس میں متحرک تصویریں ہوا ید کرنا شروع کر دیتے ہیں۔ کتاب کا یہی حصہ ایسی تصویروں سے مزین ہے جہاں ابراہیم جلیس کا لمبا قد اور اس پر ٹوپی، ڈاکٹر عبدالعلیم اپنے تلخ انداز جگر حیدر آبادی اپنے

روکھے پھیکے اور بے رونق چہرے۔ کیفی اعظمی چرسیوں جیسے حلیے ، رفعت سروش اپنی معصومیت ، سردار جعفری اپنے رعب و دبدبے اور سجاد ظہیر اپنی دلکش مسکراہٹ کے ساتھ موجود ہیں اور قاری کو اپنی رفاقت سے محظوظ کراتے ہیں۔ رپورتاژ کا ایک مقصد تمام واقعات اور حالات سے آگاہ کرانا ہے تو کرشن چندر اپنے اس رپورتاژ میں بہت حد تک کامیاب ہوئے ہیں۔ انہوں نے اس رپورتاژ کا ایک باب ہی بطخوں کے ساتھ ایک شام رکھا ہے۔ راجہ شام راج کے محل کا حال بیان کرتے ہوئے کرشن چندر یوں تصویر کشی کرتے ہیں۔

''راجہ شام راج کا محل پرانا محل۔ شہر میں واقع ہے۔ اونچی فصیل کے اندر ایک خوشنما باغیچہ ہے۔ باغیچے میں ایک مور ناچ رہا تھا۔ جب ادیب لوگ وہاں پہنچے تو دس بارہ موٹریں ایک طرف استقبال کے لئے کھڑی تھیں۔ راجہ صاحب غائب تھے۔ ادیبوں کو موٹر

ڈرائیوروں اور سپاہیوں اور راجہ صاحب کے مصاحبوں نے جھک کر سلام کیا۔ ۱۸

اجلاس :۔ پھر حیدر گوڑہ میں پہنچنے کے بعد کرشن چندر کی ملاقات جگر حیدر آبادی سے ہوتی ہے جو ان کی نفرت کا مرکز بن جاتے ہیں کرشن چندر کو ان کی شکل وصورت اور ہر حرکت سے پریشانی ہوتی ہے۔ حالانکہ وہ ایک رضا کار کے طور پر کانفرنس میں شریک ہر ادیب کی خدمت کرنا اپنا فرضِ اولین سمجھتے ہیں۔ اس حصے میں اجلاس کی کاروائی پیش کی گئی ہے جس کانفرنس کا افتتاح سروجنی نائیڈو جیسی شعلہ بیان خاتون کرے اس کی کامیابی کا یقین سب ہی کو ہونا تھا۔ اور پھر کانفرنس کے اس احوال نامے میں کرشن چندر اپنی ستائش میں مبالغہ کی حد تک پہنچ جاتے ہیں۔ وہ کانفرنس میں شریک دوسرے ادیبوں کے مقالوں کا حال تفصیل سے نہیں لکھتے صرف اپنی ذات کو محور بنائے رکھتے ہیں۔

اس کانفرس کے بعد پرانے محل میں جاتے ہیں اور بطخوں کے ساتھ ایک شام گزارتے ہیں۔ محل کے حسین نظارے ، شان وشوکت اور امارات کا ذکر بڑی خوبی سے کیا گیا ہے اور قاری

خود کو اس فضا کا حصہ سمجھنے لگتا ہے۔ پھر واپسی کا سفر شروع ہوتا ہے اور یہی وہ حصہ ہے جہاں کرشن چندر کا افسانوی انداز اپنی جولانیاں دکھانے لگتا ہے۔ اور وہ جگر حیدر آبادی جو اُن کے لیے نفرت کا مرکز رہا ہے اچانک رپورتاژ کا ہیرو بن جاتا ہے۔ جو اپنی بہن کے علاج کے لیے جمع کی گئی دو سو کی رقم کانفرنس کے لیے دیتا ہے اور اس کی بہن مناسب علاج نہ ہونے کے باعث جہانِ فانی سے رخصت ہو جاتی ہے۔

ترقی پسندوں کی منزل: ۔ اس حصے میں کرشن چند کو ترقی پسندوں کی منزل بھی ملتی ہے۔ کہ اگر انھیں منزل تک پہنچنا ہے تو اپنے مفاد پر اجتماعی مفاد کو ترجیح دینی ہوگی۔ ایثار، قربانی سے اس تحریک کو زندہ رکھنا ہوگا۔ کرشن چندر یوں رقمطراز ہیں:

> اُس کی بہن اچھی خوراک اور مناسب دوا نہ ملنے سے سسک سسک کر جان دے دے۔ لیکن کتاب زندہ رہے۔ زبان زندہ رہے، قوم کی روح زندہ رہے۔ اُس کی پیاری پیاری املی کھانے والی امرود توڑ توڑ کر چرا کر کھانے والی، اُس کے بچپن کی ساتھی بہن مر جائے، لیکن کالی داس زندہ رہے، غالب زندہ رہے، اقبال زندہ رہے۔ پریم چند زندہ رہے۔ موت اُس کی بہن کے ہونٹوں کو یخ بستہ کر دے اور اُس کی آنکھوں کو بے نور کر دے لیکن زندگی اور اس کا زندہ ادب اپنے نور سے اپنی حرارت سے اور ایمان سے لاکھوں دلوں کو روشن کر دے۔" ۱۹

رپورتاژ کا یہ حصہ کتاب کو ایک ادبی دوام بخشتا ہے اور اسے نئی جہت عطا کرتا ہے اور اس کی دلچسپی اور دلکشی کو بڑھا دیتا ہے۔ یہاں سے کرشن چندر کو ترقی پسندوں کی منزل دکھائی دیتی ہے۔

"باہر گاڑی بھاگی جا رہی ہے۔ لیکن اندر سکون تھا۔ باہر چاروں طرف اندھیرا تھا لیکن گاڑی کے اندر روشنی تھی۔ باہر راستہ تاریک اور دشوار گزار تھا لیکن اندر منزل معلوم ہو چکی تھی۔" ۲۰

"پودے" اور کرشن چندر کا اسلوب: ادب کی اصطلاح میں کسی کی تحریر کی مخصوص و

منفرد خصوصیات کو اسلوب کہتے ہیں۔ نامور ادیب و شعراء کی ایک پہچان اُن کا اسلوب بھی ہے ۔اردو میں پریم چند اپنے افسانوں میں دیہاتی عناصر کے سبب، رشید احمد صدیقی علی گڑھ کے بیان کے سبب، سر سید احمد خاں اپنے اصلاحی نظریات کے سبب اقبال خودی، شاہین۔ مردمومن جیسی اصطلاحوں کے استعمال کے سبب میرؔ غم ویاس و دل و دلّی کے تذکروں کے سبب، غالبؔ اپنی شگفتگی کے سبب، پروین شاکر لفظ "خوشبو" کی تکرار کے سبب سعید شہیدی "بجلی، نشیمن" جیسے اشاروں کے استعمال کے سبب پہچانے جاتے ہیں۔

اسلوب کیا ہے؟ اسلوب کو انگریزی میں Style کہا جاتا ہے۔ اور عام لفظوں میں کسی مصنف کے طرز بیان یا طرز نگارش کو اسلوب کہتے ہیں۔ ماہرین ادب نے اسلوب کی کئی طرح سے تعریفیں پیش کی ہیں۔ آکسفورڈ انگلش ڈکشنری میں اسلوب کے بطور اسم ۲۸ معنی اور بطور فعل ۶ معنی دیئے گئے ہیں۔ مرزا خلیل بیگ نے اپنی تصنیف "زبان اسلوب اور اسلوبیات" میں مغربی ماہرین ادب کی پیش کردہ اسلوب کی تعریفیں پیش کی ہیں جس میں لکھا ہے کہ :

"مشہور فرانسیسی مصنف اور نیچری (Naturalist) بفون (۱۷۰۷ء۔۱۷۸۸ء) کا کہنا ہے کہ "اسلوب ہی خود انسان ہے" بفون کی اس بات کی وضاحت کرتے ہوئے انگریزی نثر نگار اور مورخ گبن (۱۷۳۷ء ۔ ۱۷۹۴ء) نے کہا ہے کہ "اسلوب کردار یا شخصیت کا عکس ہے"۔ انگریزی کے معروف ادیب اور ہجو نگار سوئفٹ (۱۶۶۷ء۔۱۷۴۵ء) کے نزدیک "مناسب الفاظ کا مناسب جگہوں پر استعمال ہی اسلوب کی سچی تعریف ہے۔ امریکی انشا پرداز اور شاعر ایمرسن (۱۸۰۳ء۔۱۸۸۲ء) کے مطابق "انسان کا اسلوب اُسکی ذہنی آواز ہے"۔ مشہور جرمن فلسفی شوپنہار (۱۷۸۸ء۔۱۸۶۰ء)

کا قول ہے کہ ''اسٹائل خیال کا سایہ ہے''۔ اطالوی فلسفی اور مدبر کروچے (۱۸۶۶ء۔۱۹۵۲ء) کا کہنا ہے کہ ''جب اظہار وجدان کی برابری کرے تو اسٹائل وجود میں آتا ہے''۔ ۲۱

پروفیسر آل احمد سرور نے بیانیہ نثر کے اسلوب کو بیان کا طریقہ قرار دیا ہے۔ وہ ادبی زبان میں ''حسن بیان'' ضروری سمجھتے ہیں اور اس میں بھی ندرت' نیا پن اور انفرادیت چاہتے ہیں۔ اسلوب کی تشکیل میں عام طور سے تین عناصر کارفرما ہوتے ہیں۔ ایک مصنف کی انفرادی خصوصیت دوسرے عام انسانی رویہ اور تیسرے خیال اور زبان کی خصوصیات۔ اسلوب کی پہلی خصوصیت میں مصنف کی انفرادیت ہے۔ یعنی ہر منصنف کا زبان و بیان کے استعمال کے سلسلے میں مخصوص انداز ہوتا ہے جو اُسے دوسرے مصنفین سے ممتاز رکھتا ہے۔ یہی وجہہ ہے کہ مخصوص طرز کے اسلوب کی نقالی مشکل ہے۔ اسلوب کو کسی ادیب کی انفرادیت قرار دیتے ہوئے پروفیسر محسن عثمانی لکھتے ہیں:

جس طرح گلاب' بیلا' چنبیلی' موتیا' رات کی رانی اور دوسرے پھولوں کی خوشبو اور خوبصورتی ایک دوسرے سے الگ اور جداگانہ ہوتی ہے۔ اسی طرح سے ہر ادیب کا اسلوب نگارش بھی اپنی خالص انفرادیت رکھتا ہے۔ یہ انفرادیت رجحانات اور نظریات مشاہدات' ذاتی محنت اور کردار کی وجہہ سے پیدا ہوتی ہے۔ ادیب کی اپنی شخصیت جس قدر دلپذیر ہوگی اظہار کا اسلوب بھی دلپذیر ہوگا۔ فکر و خیال اور الفاظ و تعبیرات کے استعمال میں اس کے ذوق و ذہن کا عکس نظر آئے گا۔ اسی لئے کسی صاحب اسلوب ادیب کے اسلوب کی پیروی ممکن نہیں ہوتی۔ یہ بھی جائیداد غیر منقولہ کے مانند ہے جسے منتقل کرنا ممکن نہیں ہوتا کیونکہ یہ ممکن نہیں کہ دو شخصوں

کے افکار و ذوق و ذہن، طبع و مزاج اور مطالعہ و مشاہد کی سطح
بالکل یکساں ہو [۲۲]

اسلوب کی ان تعریفوں کی روشنی میں کرشن چندر کا پودے میں اسلوب دیکھیں تو پتہ چلتا ہے کہ وہ بنیادی طور پر خارجی ہے۔ رپورتاژ کا اسلوب بیانیہ ہے۔ اور خود کرشن چندر کی شخصیت اس میں زیادہ جھلکتی ہے۔ کرشن چندر نے واقعات کے سہارے اسلوب کو دلچسپ بنانے کی کوشش کی ہے۔ کبھی کبھی وہ حیرت واستعجاب کی فضاء بھی تیار کر دیتے ہیں۔ پودے کے اسلوب میں افسانوی رنگ اور رومانی میلان نمایاں ہے۔ کرشن چندر کبھی ترقی پسند نظریات کے بیان کے دوران فلسفی ہو جاتے ہیں تو کبھی عورت کے بیان میں رومانی اور رنگین مزاج۔ جزئیات نگاری اور منظر نگاری کے دوران کرشن چندر اپنے اسلوب کو دلکش بنا دیتے ہیں۔ اور قاری کو مطالعے کے لئے مجبور کر دیتے ہیں۔ کرشن چندر نے لگتا ہے پودے کو جلد بازی میں لکھا اور اس پر مناسب نظر ثانی نہیں کر سکے اس لئے اس میں اسلوب کے اعتبار سے بھی کوتاہیاں اور خامیاں پائی جاتی ہیں۔ اس کے باجود و پودے کا اسلوب دلچسپ اور رنگین کہا جا سکتا ہے۔

رپورتاژ ''پودے'' کا اردو ادب میں مقام: کرشن چندر کے رپورتاژ ''پودے'' کے مجموعی جائزے کے بعد دو قسم کی رائے سامنے آتی ہے۔ بعض نقادوں نے ان کے اس رپورتاژ پر مکمل منفی رائے دی ہے۔ اور اس کی فنی اور تکنیکی خامیوں پر ہی نظر ڈالی ہے۔ چنانچہ ڈاکٹر ایس ایم زیڈ گوہر اس طرح کی رائے دیتے ہوئے لکھتے ہیں:

> ''پودے'' کا مطالعہ کرنے سے معلوم ہوتا ہے کہ گویا کرشن چندر نے اسے جلد بازی میں اور سرسری طور پر لکھا ہے۔ اس پر نظر ثانی کرنے کا موقع بھی انہیں حاصل نہیں ہو سکا۔ چنانچہ اس میں ضروری اور معیاری باتوں کی کمی محسوس ہوتی ہے۔ مقصد کی بھی وضاحت نہیں ہوتی۔ تکرار لفظی نے طرز تحریر کو بری طرح مجروح کیا ہے۔ اس کا اسلوب تحریر بے حد جذباتی ہے۔ اور غیر معیاری بھی۔ یہ رپورتاژ کا اسلوب

نہیں ہے۔اقدار بھی ریزہ ریزہ ہوکر رہ گئے ہیں۔غرض کہ اس میں جو کچھ ہے ''کوڑا کرکٹ'' ہے۔سیب کی قاشیں ہیں تو ان کی سرخی اور سپیدی کو خود رپورتاژ نگار نے کیچڑ آلود کر کے رکھ دیا ہے۔پھر بھی رپورتاژ نگاری کی اولین روایتوں کی تشکیل میں اپنی مقبولیت کے سبب چونکہ ''پودے'' نے اہم رول ادا کیا ہے۔اس لئے آج بھی اس کی اپنی تاریخی اہمیت ہے۔'' ۲۳

کرشن چندر کے رپورتاژ کو کوڑا کرکٹ کہنا کچھ زیادتی ہوگی۔جس کا فاضل نقاد نے ذکر کیا ہے لیکن آخر میں وہ بھی اس حقیقت کو مانتے ہیں۔کہ رپورتاژ کے ابتدائی زمانے میں کرشن چندر کی یہ تخلیق اہم کردار ادا کرتی ہے' اس لئے اس کی اہمیت ہے۔اور یہی بات بہت حد تک صحیح ہے کہ کرشن چندر نے اس رپورتاژ میں اچھا یا برا جو کچھ لکھا وہ ادب کا حصہ ہے۔ان کے اس رپورتاژ کے بعد اردو میں جو رپورتاژ لکھے گئے کرشن چندر کہیں نہ کہیں ان کے میر کارواں ہیں۔ اس لئے ہم کہہ سکتے ہیں کہ مختلف تلازموں،شعور کی رو کی تکنیک،منظر نگاری، جزئیات نگاری، خاکہ نگاری اور انتہائی رواں اسلوب نے اس رپورتاژ کو صحافت سے الگ کر کے ایک ادبی دستاویز بنا دیا ہے اور اسے ایک دوامی قدر بخشتی ہے اور اس کی اہمیت اور حیثیت نہ صرف اولین ہونے کا باعث ہے بلکہ مکمل اور معیاری ہونے کی وجہ سے اسے آئندہ کے لیے نمونہ قرار دیا جاسکتا ہے۔

حواشی

۱۔	کرشن چندر	پودے	ص۔۱۳
۲۔	کرشن چندر	پودے	ص۔۲۴۔۲۳
۳۔	ایس ایم زیڈ گوہر	اردو میں رپورتاژ نگاری فن اور ارتقاء	ص۸۴۔۸۳
۴۔	کرشن چندر	پودے	ص۸۵
۵۔	ایس ایم زیڈ گوہر	اردو میں رپورتاژ نگاری فن اور ارتقاء	ص۔۸۵

۶۔	ممتاز شیریں	رسالہ نیادور۔ کراچی۔ دسمبر ۱۹۵۰ء۔ ص۔ ۴۶۵	
۷۔	کرشن چندر	پودے	ص۔ ۳۷
۸۔	کرشن چندر	پودے	ص۔ ۳۷
۹۔	کرشن چندر	پودے	ص۔ ۳۷
۱۰۔	کرشن چندر	پودے	ص۔ ۴۲
۱۱۔	کرشن چندر	پودے	ص۔ ۴۴
۱۲۔	کرشن چندر	پودے	ص۔ ۴۵
۱۳۔	کرشن چندر	پودے	ص۔ ۷۵
۱۴۔	کرشن چندر	پودے	ص۔ ۷۶
۱۵۔	ایس ایم زیڈ گوہر	اردو میں رپورتاژ نگاری فن اور ارتقاء۔ ص۔ ۹۰	
۱۶۔	کرشن چندر	پودے	ص۔ ۴۷
۱۷۔	کرشن چندر	پودے	ص۔ ۵۸
۱۸۔	کرشن چندر	پودے	ص۔۔ ۱۳۱۔ ۱۳۰
۱۹۔	کرشن چندر	پودے	ص۔ ۱۰۴۔ ۱۰۵
۲۰۔	کرشن چندر	پودے	ص۔ ۱۴۱
۲۱۔	کرشن چندر	پودے	ص۔ ۱۴۵
۲۲۔	مرزا خلیل بیگ	زبان اسلوب اور اسلوبیات علی گڈھ ۱۹۸۳ء	ص۔ ۱۵۸
۲۳	محسن عثمانی ندوی	سیاست	حیدرآباد ۱۹ دسمبر ادبی وثقافتی ایڈیشن

اختتامیہ

اردو میں اکثر شعری و نثری اصناف مغرب کے زیر اثر شامل ہوئیں۔ ایسی ہی ایک نثری صنف رپورتاژ ہے۔ جو ترقی پسند تحریک کے ساتھ آگے بڑھی۔ رپورتاژ صحافتی صنف ہے اسے بطور ادبی صنف صرف اردو ادب میں برتا گیا۔ لفظ (Reportage) لاطینی اور فرانسیسی زبانوں کے خاندان سے ہے جو انگریزی میں (Report) رپورٹ کے ہم معنی ہے۔ رپورٹ سے مراد تو سیدھی سادی تصویر پیش کرنے کے ہیں۔ لیکن اگر اس رپورٹ میں ادبی اسلوب، تخیل کی آمیزش اور معروضی حقائق کے ساتھ ساتھ باطنی لمس بھی عطا کیا جائے تو یہ صحافت سے الگ ہو کر ادب میں شامل ہو جاتی ہے۔ چنانچہ ادبی اصطلاح میں رپورتاژ ایک ایسی چلتی پھرتی تصویر کشی ہے جس میں خود مصنف کی ذات، اسلوب، قوتِ متخیلہ، تخلیقی توانائی اور معروضی صداقت موجود ہوتی ہے۔

مغرب میں اٹھارویں صدی سے ہی رپورتاژ لکھنے کا سلسلہ شروع ہو گیا تھا۔ جب کہ جنگ کے حالات اور واقعات کو روداد نگاری کے انداز میں اخبارات میں پیش کیا جانے لگا تھا۔ اردو میں بھی اخبارات کے اجراء کے ساتھ ہی مختلف جلسوں اور اجلاسوں کی روداد لکھنے کا رواج عام ہو گیا تھا۔ لیکن رپورتاژ کے فن کو پیش نظر رکھ کر شعوری طور پر رپورتاژ لکھنے کا سلسلہ ترقی پسند تحریک کے زیر اثر شروع ہوا۔ سجاد ظہیر کے رپورتاژ ''یادیں'' کو اردو کا پہلا رپورتاژ کہا جاتا ہے۔ جسے انہوں نے 1940ء میں لکھا تھا۔ لیکن اسے رپورتاژ کا عنوان نہیں دیا تھا۔ بعد میں جب رپورتاژ نگاری کے اصول طے ہوئے تو یادیں میں موجود ان اُصولوں کی روشنی میں یادیں کو پہلا رپورتاژ قرار دیا گیا۔ کرشن چندر نے ''پودے'' کے نام سے 1947ء رپورتاژ لکھا۔ ان کی یہ کوشش شعوری تھی۔ اور انہوں نے اسے رپورتاژہ کہہ کر پیش کیا۔ اس کے بعد اردو میں رپورتاژ نگاری کا ایک سلسلہ

شروع ہوگیا۔

سجاد ظہیر اور کرشن چندر کے رپورتاژ کے بعد اردو میں فسادات اور دیگر موضوعات پر اچھے رپورتاژ لکھے گئے۔ اُسی زمانہ میں جبکہ تقسیم ہند کا سانحہ ہوا تھا۔ اور بڑے پیمانے پر فرقہ وارانہ فسادات ہوئے تھے۔ ان ہی واقعات کو موضوع بنا کر کئی رپورتاژ لکھے گئے۔ فسادات کے موضوع پر لکھے گئے رپورتاژوں میں فکر تونسوی کا ''چھٹا در'' شفیق الرحمٰن کا 'دجلا سے فرات تک' جمنا داس اختر کا 'اور خدا دیکھتا رہا' تاجور سامری کا ''جب بندھن ٹوٹے''۔ ابراہیم جلیس کا ''دو ملک ایک کہانی''۔ عبداللہ ملک کا ''مستقبل ہمارا ہے'' اجمل اجملی کا ''ایک رات گذری ہے ایک صدی گذری ہے''۔ اہم رپورتاژ ہیں۔ فسادات کے موضوع کو ناول کے فارم میں لکھا گیا جو ناول بھی ہے اور رپورتاژ بھی۔ جیسے قدرت اللہ شہاب کا ''یا خدا'' اور رامانند ساگر کا ''اور انسان مرگیا'' انہیں رپورتاژی ناول بھی کہا جاسکتا ہے۔ فسادات کے موضوع پر شاہد احمد دہلوی کا رپورتاژ'' دہلی کی بپتا اور محمود ہاشمی'' کشمیر اُداس ہے'' کے واقعات وحقائق بھی۔ اسی سنگین اور تلخ صورتحال کو پیش کرتے ہیں۔ بعد میں جب بھی فسادات اور غیر یقینی حالات پیش آئے اُس وقت بھی رپورتاژ لکھے گئے۔ جیسے سید ظہیر حسن دہلوی کا رپورتاژ'' دل کی بپتا'' میں ایمر جنسی کے حالات پیش کئے گئے۔ اور منظر کاظمی کے رپورتاژ'' ہم جنگل کی طرف لوٹ رہے ہیں'' میں جمشید پور کے فسادات اور بند ایمبولینس میں 106 مظلوم انسانوں کے زندہ جلائے جانے کے عظیم سانحہ کو پیش کیا گیا۔

1940ء سے 1950ء تک 10 سال میں رپورتاژ نگاری نے اچھی ترقی کی اور اردو کے علاوہ ہندی' بنگلہ اور تمل زبانوں میں بھی اچھے رپورتاژ لکھے گئے۔ اردو میں چند ایک مقبول رپورتاژ بھی رہے جیسے کرشن چندر کا پودے' قرۃ العین حیدر کا ستمبر کا چاند وغیرہ۔ رپورتاژ نگاری کا فن جاری ہے۔ لیکن اردو میں اس فن کو افسانہ نگاری کی طرح مقبولیت نہیں مل سکی۔ اس کی وجہ یہ رہی کہ رپورتاژ میں حقیقی واقعات کو فن کاری کے ساتھ پیش کرنا پڑتا ہے۔ اور یہ کام اردو کے ادیب نہیں کررہے ہیں۔

کرشن چندر کا رپورتاژ'' پودے'' اپنی جگہ کئی خوبیوں اور خامیوں کا حامل ہے۔ آج ہم اکیسویں صدی میں عصر حاضر کی تنقید کی روشنی میں جب کرشن چندر کے رپورتاژ کو دیکھیں گے تو اس میں کئی

فنی خامیاں نظر آئیں گی جیسے کرشن چندر نے جذبات کے بہاؤ میں آ کر اپنے سے بزرگ کئی ترقی پسندوں کو معاشی طور پر پسماندہ بنا کر پیش کیا۔ اور ان کے تعارف کے طور پر غیر ادبی الفاظ استعمال کئے۔ کرشن چندر نے جابجا خود نمائی کی۔ اور یہ تاثر دیا کہ کانفرنس کے دوران ان کی اچھے انداز میں مہمان نوازی نہیں کی گئی۔ انہوں نے کانفرنس کی روداد تفصیلی بیان نہیں کی۔ صرف اشاروں میں ہی کانفرنس کا ذکر کر دیا۔ انہوں نے جتنے صفحے ریل کے سفر اور لوگوں کی معاشی حالات کے تقابل میں لکھے اس سے بہت کم صفحے کانفرنس کی روداد بیان کرنے میں لکھے۔ انہوں نے دنیا کو ترقی پسندوں کی آنکھ سے دیکھنے کی کوشش کی۔ وہ ہمیشہ اپنا تقابل اوروں سے کرتے اور ترقی پسندوں کی پسماندگی کا ذکر کرتے۔ رپورتاژ "پودے" کی یہ چند واضح خامیاں ہیں۔ اس کے باوجود جب اگر ہم کرشن چندر کے عہد اور دور سے اس رپورتاژ پر تنقیدی نظر ڈالتے ہیں تو پتہ چلتا ہے کہ کرشن چندر رپورتاژ نگاری کے اولین دور سے تعلق رکھتے ہیں۔ ان کے روبرو کوئی اعلیٰ خصوصیات کا حامل کوئی رپورتاژ نہیں تھا۔ صرف سجاد ظہیر کا رپورتاژ "یادیں" ہی ان کے پیش نظر تھا۔ کرشن چندر زود نویس تھے۔ وہ ایک مرتبہ جو تحریر لکھ دیتے تھے اس پر نظر ثانی بھی نہیں کرتے تھے۔ اس لئے ان کے اس رپورتاژ میں کہیں کہیں فنی جھول دکھائی دیتا ہے۔ لیکن دولت مندوں اور غریبوں کے تقابل ٹرین کا منظر اور کانفرنس کی روداد کے دوران اور جگر صاحب کی قربانیوں کے ذکر میں وہ جذباتی ہو جاتے ہیں۔ اور ان کا قلم ترقی پسندی کا ترجمان ہو جاتا ہے۔ اس رپورتاژ میں واقعات، مکالموں اور منظر نگاری سے جان پڑ جاتی ہے۔ اور قاری کو عہد قدیم کی ایک کانفرنس اور ادیبوں کی نقل و حرکت کا اندازہ ہوتا ہے۔ مجموعی طور پر کرشن چندر کا یہ رپورتاژ اردو ادب میں ایک اہم اضافہ ہے۔ اس رپورتاژ سے اردو میں رپورتاژ نگاری کے اصول طے ہوئے ہیں۔ اور بعد میں اس فن میں ادیبوں کو نکھار پیدا کرنے کا موقع ملا ہے۔ اردو کا ابتدائی رپورتاژ ہونے کے ناطے اس رپورتاژ کو ایک بہتر رپورتاژہ کہا جائے گا۔

اردو کے منتخب رپورتاژ

رپورتاژ کا نام	رپورتاژ نگار کا نام
1۔سفید اور سرخ ستارے کے درمیان	ابراہیم جلیس
2۔سرخ زمین اور پانچ ستارے	خواجہ احمد عباس
3۔الف لیلا کے دیس میں	ظفر پیامی
4۔سفر ایران کے تاثرات	خواجہ احمد فاروقی
5۔یادوں کے چمن	کلیم اللہ
6۔ ایک نامکمل سفر	سلطانہ حیات
7۔کلانگ اور کنول	اصغر بٹ
8۔جہلم کے اُس پار	عارف حجازی
9۔پاکستان میں چند روز	ظ انصاری
10۔کتابوں کی تلاش	ڈاکٹر گیان چند
11۔ ہیگ سے آگے	کنول نین پرواز
12۔کچھ دن المانیا میں	صالحہ عابد حسین
13۔ برسبیل لندن	محمود نظامی
14۔ سیوٹا سے لندن تک	صمد
15۔ بادلوں کی رہگذر	محمد عزیز
16۔خرامہ خرامہ ارم	طاہر احمد
17۔ بمبئ سے بھوپال تک	عصمت چغتائی
18۔کارواں ہمارا	کوثر چاند پوری
19۔ سفر ارض غزل کا	کوثر چاند پوری
20۔یہاں سے وہاں تک	عصمت چغتائی
21۔یہاں سے وہاں تک	عارف حجازی
22۔ناچ، گیت، پتھر	انوار عظیم

23۔ خواب خواب سفر	رام لعل
24۔ پاکستان کا سفرنامہ	محمد حسن
25۔ پشکن کے دیس میں	جگن ناتھ آزاد
26۔ میرے گذشتہ روز وشب	جگن ناتھ آزاد
27۔ امن کا کارواں	رضیہ سجاد ظہیر
28۔ جشن فرید	نثار لطیفی
29۔ دہلی سمپوزیم	شارب ردولوی
30۔ ایک ادبی شام باقر مہدی کے ساتھ	یعقوب واہی
31۔ شام فراق	انیس رفیع
32۔ سفر ہے شراط	قاضی عبدالستار
33۔ ایک چادر میلی سے کٹھرے میں	انیس رفیع
34 اسلامی نوادر کی نمائش	عارف حجازی
35۔ ترقی پسند مصنفین کی کل ہند کانفرنس	اظہار اثر
36۔ بین الاقوامی فنی نمائش	انیس فاروقی

کتابیات

سلسلہ نشان	مصنف	کتاب	ناشر	سنہ اشاعت
۱۔	آزاد جگن ناتھ	میرے گذشتہ شب وروز	مکتبہ جامعہ دہلی	۱۹۶۵ء
۲۔	احتشام حسین سید	روایت اور بغاوت	ادارہ فروغ اردو لکھنو	۱۹۵۶ء
۳۔	احتشام حسین	عکس اور آئینے	ادارہ فروغ اردو لکھنو	۱۹۶۲ء
۴۔	احتشام حسین	تنقید اور عملی تنقید	ادارہ فروغ اردو لکھنو	۱۹۷۷ء
۵۔	احمد حسن ڈاکٹر	کرشن چندر حیات اور کارنامے۔	دہلی	۱۹۶۲ء
۶۔	احسن فاروقی	ناول کیا ہے؟	نسیم بکڈپو لکھنو	۱۹۶۰ء
۷۔	اختر اورینوی	تحقیق وتنقید	شاد بکڈپو پٹنہ	۱۹۳۶ء
۸۔	اطہر پرویز	ادب کا مطالعہ	علی گڑھ	۱۹۷۱ء
۹۔	اعجاز حسین سید	اردو ادب آزادی کے بعد	الہ آباد	۱۹۶۰ء
۱۰۔	انور سدید	اردو ادب میں سفرنامہ	لاہور	۱۹۸۷ء
۱۱۔	ایس ایم زیڈ گوہر۔	اردو میں رپوتاژ نگاری فن اور ارتقاء۔	مظفر پور بہار	۲۰۰۳ء
۱۲۔	بیگ احساس	کرشن چندر شخصیت اور فن۔	حیدرآباد	۱۹۹۹ء
۱۳۔	ثریا حسین (مرتب)	سید سجاد حیدر یلدرم	علی گڑھ	۱۹۸۷ء
۱۴۔	جمیل جالبی	ارسطو سے ایلیٹ تک	دہلی	۱۹۷۷ء
۱۵۔	جین گیان چند	ادبی اصناف	احمد آباد	۱۹۸۹
۱۶۔	چودھری رحم علی الہاشمی	فن صحافت	دہلی	۱۹۴۳ء
۱۷۔	خلیل الرحمن اعظمی	اردو میں ترقی پسند ادبی تحریک۔	علی گڑھ	۱۹۷۲ء
۱۸۔	زور محی الدین قادری	اردو کے اسالیب بیاں	حیدرآباد دکن	۱۹۴۰ء
۱۹۔	سجاد ظہیر سید	روشنائی	دہلی	۱۹۵۹ء